yh 2575

Paris
1866

Goethe, Johann Wolfgang von

IPHIGÉNIE EN TAURIDE

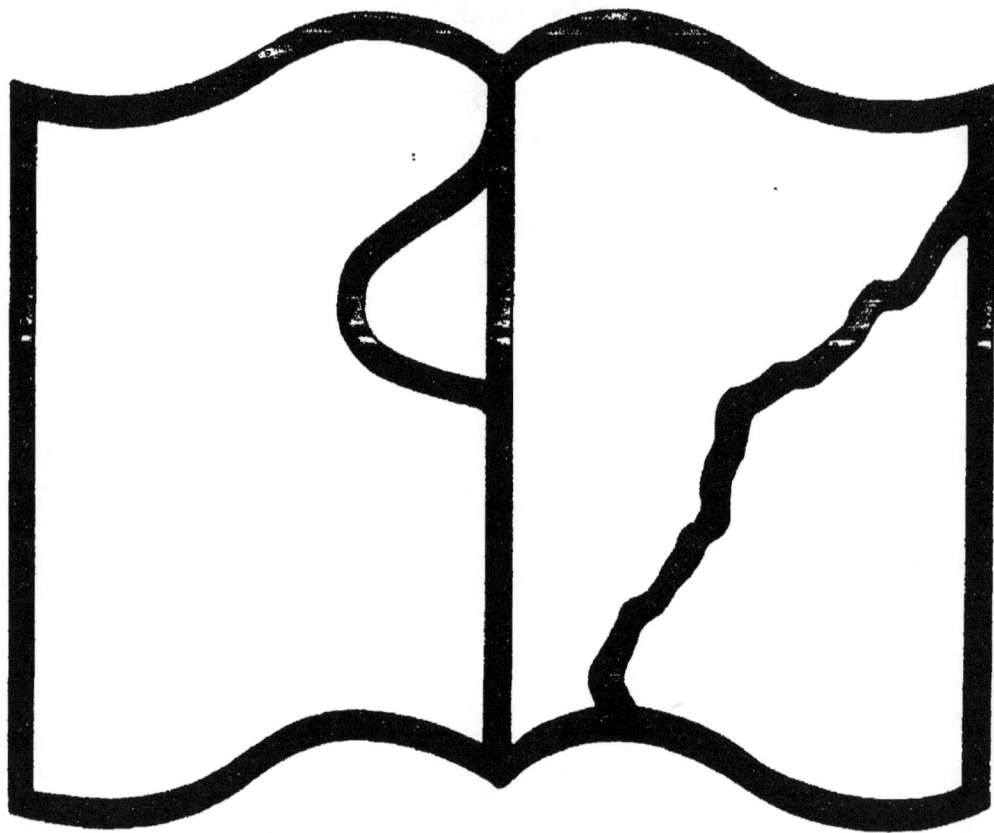

Symbole applicable
pour tout, ou partie
des documents microfilmés

Texte détérioré — reliure défectueuse

NF Z 43-120-11

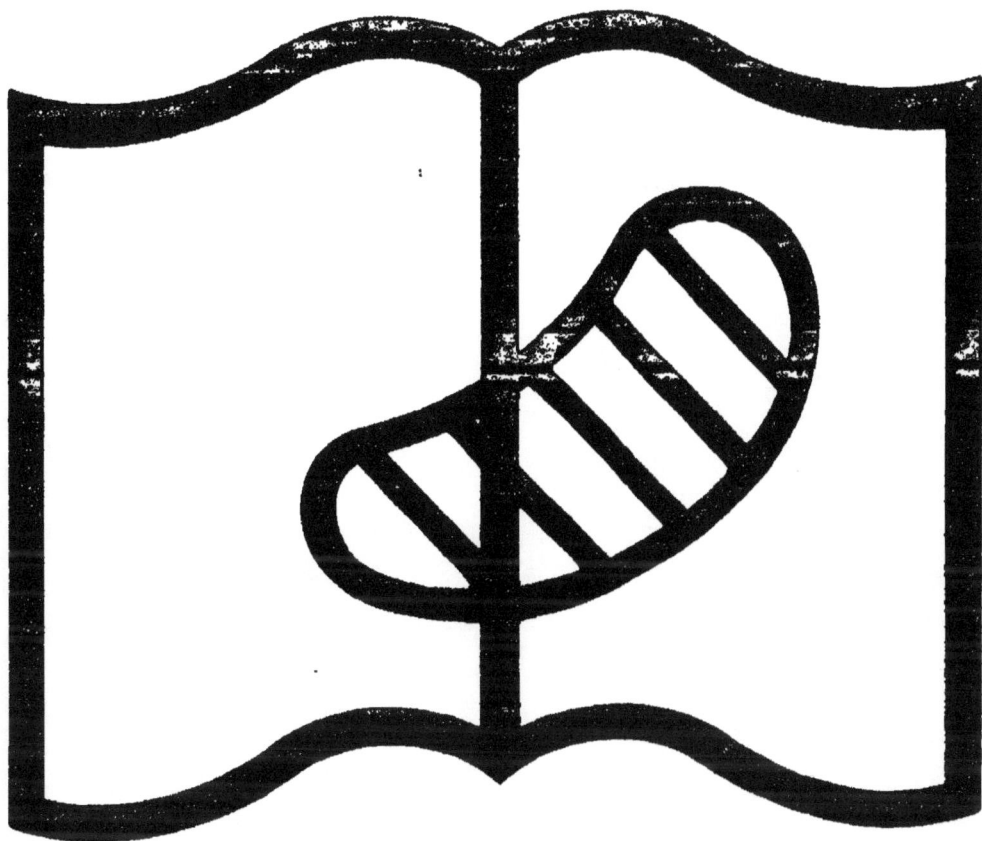

Symbole applicable
pour tout, ou partie
des documents microfilmés

Original illisible

NF Z 43-120-10

IPHIGÉNIE

EN TAURIDE

IMPRIMERIE GÉNÉRALE DE CH. LAHURE
Rue de Fleurus, 9, à Paris

GŒTHE

IPHIGÉNIE

EN TAURIDE

NOUVELLE ÉDITION

PUBLIÉE AVEC UNE NOTICE, UN ARGUMENT ANALYTIQUE
ET DES NOTES EN FRANÇAIS

PAR S. LÉVY

Professeur de langue allemande au lycée Louis-le-Grand

PARIS

LIBRAIRIE DE L. HACHETTE ET Cie

BOULEVARD SAINT-GERMAIN, N° 77

1866

NOTICE

SUR IPHIGÉNIE EN TAURIDE.

————

Gœthe a composé deux *Iphigénie en Tauride*, l'une
en prose et l'autre en vers. Selon quelques biographes, il
conçut l'idée de l'*Iphigénie* en prose dès les premiers
temps de son séjour à Weimar; il l'écrivit, en grande
partie, soit sur les routes du petit duché qu'il parcou-
rait, en sa qualité d'inspecteur des ponts et chaus-
sées, soit dans les salles des conseils de révision où
l'appelaient ses fonctions de commissaire des guerres.
Ainsi la plume qui enregistrait les noms des jeunes gens
bons pour le service militaire, créait en même temps des
scènes dignes de Sophocle et d'Euripide.

La pièce, commencée et achevée dans l'espace de
quelques semaines, fut représentée pour la première fois
sur le théâtre ducal, le 6 avril 1779. Gœthe, alors âgé
de trente ans, jouait lui-même le rôle d'Oreste avec une
perfection, disent les contemporains, qui rappelait Sophocle jouant ses tragédies devant les Athéniens. Cette
prose poétique, ces caractères tendres ou énergiques,

mais toujours vrais et soutenus, ces images hardies et grandioses, qui revêtaient les idées modernes des splendeurs poétiques de l'antiquité, tout, dans cette œuvre, devait étonner, ravir l'Allemagne, habituée à voir ses scènes abandonnées aux faibles traductions, aux imitations plus faibles encore, du théâtre français ou du théâtre anglais. La pièce fut admirée, comme elle devait l'être, par le monde d'élite; elle mérita les suffrages de tous les critiques, de Herder lui-même, dont le goût sévère et l'esprit chagrin étaient si difficiles à contenter.

Gœthe seul n'était pas satisfait. Son sentiment de poëte lui montrait, au delà de cette belle prose, quelque chose de plus parfait encore, où un jour il espérait atteindre. Dès l'année 1780, il avait commencé à transformer sa prose en vers; mais d'autres soins et des œuvres nouvelles traversèrent ce projet; peut-être pensait-il que l'âge de la perfection n'était pas encore arrivé pour lui, et il attendit.

Ce fut six ans plus tard qu'eut lieu l'heureuse transformation, rêvée par le poëte dès l'apparition de son œuvre. Elle fut un des fruits de son voyage en Italie. « Iphigénie, dit-il en partant, est une des causes de mon voyage. Là, dans le pays où fleurit le citronnier, où le myrte élève ses rameaux poétiques, où l'oranger au feuillage touffu étale ses pommes d'or, je me sentirai plus près des sources habitées par les Grâces et les Muses; je foulerai des lieux plus dignes de la fille du roi des rois. » Ces plaintifs murmures des flots qui seuls répondaient aux soupirs d'Iphigénie, le poëte ému les entendit en effet sur les rives du Garda. C'est près de ce beau lac, pendant que les vagues, chassées par le vent d'est, venaient expirer sur le rivage, qu'il traça les premiers vers de son œuvre régénérée. Là, au couchant du soleil, il se promenait seul et pensif, comme jadis son héroïne errait sur les plages sauvages de la mer qui baigne la Tauride ; comme elle, il se plaignait de vivre dans l'exil, absorbé par les soins d'une petite cour : « Mille distractions, disait-il, m'arrachent trop souvent aux régions sublimes de l'art et de la poésie, car enfin, je suis un artiste, et ne suis pas autre chose. »

En Italie il appartenait tout entier aux rêves sublimes de son génie. Sa chère *Iphigénie*, son enfant de douleur, comme il l'appelle, l'occupa tout d'abord. Padoue, Florence, Venise, furent témoins des progrès de son œuvre. Elle fut terminée à Rome, d'où Gœthe l'envoya à ses amis dans les premiers jours de l'année 1787. C'est au beau ciel de l'Italie, c'est à la vue des monuments immortels de l'antiquité, qu'elle doit en partie cette perfection, cette céleste harmonie, qui lui donnent une place à part parmi les belles productions de la littérature allemande.

Iphigénie mit le comble à la gloire littéraire de Gœthe ; peu d'œuvres ont eu, comme elle, le rare bonheur d'être admirées de tous les lecteurs ; car il était impossible de lire cette production nouvelle ou plutôt renouvelée, sans admirer le génie fécond, qui sut lui-même ajouter à une tragédie si parfaite en prose, une perfection plus grande encore en vers.

Cependant, si nous examinons le poëme comme création dramatique, nous sommes loin de rencontrer la même
unanimité dans les éloges. Pour les uns, c'est la tragédie
antique avec cette grandeur, cette énergie, qui n'exclut
ni la grâce ni la douceur; pour les autres, ce n'est plus
qu'un pastiche brillant des grands tragiques grecs.

Schiller lui-même, tout en l'admirant comme un
beau poëme, lui refuse les qualités d'une véritable tragédie. En 1802, il fut prié par Gœthe de revoir son
œuvre, qu'il s'agissait de faire revivre sur la scène. Voici
ce que Schiller écrivait alors à Kœrner, son vieil ami :
« Nous allons faire jouer *Iphigénie*. Gœthe m'a chargé
d'y faire tels changements que je trouverai nécessaires;
en relisant cet ouvrage, j'ai été bien surpris de ce qu'il
n'a plus fait sur moi la favorable impression dont jadis
je t'ai plus d'une fois entretenu. C'est, j'en conviens
volontiers, une œuvre pleine de grandeur et d'inspiration poétique ; mais elle est trop moderne, si moderne,
qu'il me semble étrange qu'on ait jamais pu la comparer
à une tragédie grecque. C'est une pièce essentiellement
morale ; mais la force et la sensibilité, la vie et le mouvement, tout ce qui constitue l'essence d'un drame, lui
manque totalement ou peu s'en faut. Gœthe m'en avait
parlé depuis longtemps dans ce sens ; je m'imaginais que
c'était de sa part un caprice, j'allais dire une coquetterie;
mais depuis, en examinant son ouvrage de plus près, j'ai
fini par partager son sentiment. Cette production n'en
reste pas moins un phénomène, si l'on considère l'époque

où elle parut; aujourd'hui même elle réunit encore la
majorité des suffrages, et *Iphigénie* restera à tout jamais une création d'un prix inestimable par les grandes
qualités qui la distinguent. Si nous oublions les exigences
dramatiques, elle nous apparaîtra comme une des con-
ceptions qui font le plus d'honneur à notre littérature. »

Quelle que soit l'autorité de Schiller en pareille ma-
tière, ce n'a pas été le dernier mot de la critique. On
a dit, avec raison, qu'à l'époque où il écrivait cette lettre,
il venait de donner au théâtre allemand *Wallenstein*,
Marie Stuart, et songeait déjà sans doute à son admirable *Guillaume Tell*. Ces compositions historiques où
tant de personnes, tant d'intérêts et tant de passions
sont mis en jeu, l'avaient écarté de la simplicité antique, ou, pour mieux dire, le goût de l'histoire avait
banni chez lui l'amour des légendes. Aussi traitait-il
les œuvres légendaires, fussent-elles sorties de sa propre
plume, avec une bien grande sévérité. Il jugeait au point
de vue où il s'était placé alors, et pouvait, de bonne
foi, s'égarer en examinant des œuvres si différentes de
celles que son génie venait de créer.

Il serait superflu d'ajouter que la jalousie d'auteur fut
totalement étrangère à ses appréciations; on sait l'inal-
térable amitié qui l'unissait à Gœthe, et combien ces
deux grands génies aimaient à se rendre justice l'un à
l'autre. D'ailleurs Gœthe avait suivi les mêmes erre-
ments que son illustre rival, comme nous le voyons
par la lettre de Schiller que nous venons de citer.

La postérité n'a pas ratifié l'opinion des deux poëtes, tout en admirant la noble et courageuse impartialité avec laquelle ils se jugeaient l'un l'autre. En laissant leur haute valeur aux belles tragédies de Schiller, elle a gardé une place à part pour l'*Iphigénie* de Gœthe, qu'elle considère comme une des plus belles inspirations du théâtre tragique de l'Allemagne. Les critiques ont passé, et la pièce est demeurée dans toute sa poétique splendeur. Après quatre-vingts ans, elle inspire encore le même enthousiasme qu'elle inspirait aux spectateurs charmés de Weimar, quand elle fut représentée pour la première fois. L'admiration a grandi ; et le temps, comme il arrive aux belles œuvres, lui a assigné un rang de plus en plus élevé. Certaines critiques peuvent ne pas être sans fondement, si l'on se met à un certain point de vue, ou plutôt si l'on juge les œuvres tragiques d'après une seule et même loi ; mais que n'a-t-on pas dit, partant de là, sur ou plutôt contre cette tragédie ? Un essaim de critiques, exagérant quelques remarques d'un aristarque sévère, mais profond et convaincu, ont cherché à démolir une à une toutes les parties de l'œuvre de Gœthe.

Les caractères ne sont pas tout à fait antiques, a-t-on dit et redit : Oreste ou Pylade, c'est Werther ou Goetz, Édouard, Egmont couverts d'une tunique grecque ; Thoas est un duc de Weimar, intelligent, mais un peu débonnaire. Iphigénie même n'a pas échappé à la piquante censure de ces rigides défenseurs de l'antiquité ; elle ressemble à Charlotte, à Marguerite, à tant d'autres

héroïnes chantées par le poëte; les uns la voudraient
plus réservée, les autres plus sensible; le plus grand
nombre accuse Gœthe de n'avoir pas été fidèle à ses
modèles grecs, d'avoir mutilé le drame antique, et
changé la physionomie si bien dessinée de ces fameux
personnages.

Au milieu de ces critiques, on a peut être oublié de
se demander quel but Gœthe se proposait en écrivant
une *Iphigénie en Tauride*, et c'est par là, selon nous, qu'il
fallait débuter. Le poëte, en travaillant sur une antique
légende, n'a point voulu lutter avec l'antiquité; moins
encore a-t-il voulu abdiquer sa personnalité. La fable lui
a plu; il s'en est emparé, du même droit que les tragiques anciens, il en a fait ce que son génie lui a inspiré :
c'est de lui seul qu'il relève; c'est à son inspiration qu'il
a obéi.

Gœthe n'a jamais écrit pour le vain plaisir d'écrire;
quand une passion s'était emparée de lui, il ne pouvait la secouer qu'en lui donnant la forme d'un livre.
Ainsi sont nés *Goetz de Berlichingen*, *Werther*, *Cla-
vigo*, et nous pourrions, en continuant cette énumé-
ration, descendre jusqu'à ses plus petites productions,
ses odes, ses chansons, ses lettres. Sa vie fut comme
le tissu de ses œuvres, et Gœthe a été un grand homme
plus encore qu'un grand écrivain. Est-ce que ses œuvres
en sont moins belles ? Pour répondre, il suffit de rappeler
à la mémoire ce qu'ont produit les imitateurs serviles de
l'antiquité, ces poëmes où les anciens sont copiés trait

pour trait, mais que personne ne lit plus. Ainsi donc, loin de le blâmer, nous louerons Gœthe de n'avoir pas servilement refait des œuvres si bien faites par Eschyle, Sophocle et Euripide.

Ces poëtes eux-mêmes ont traité ce beau mythe d'I-phigénie, chacun à sa manière; Gœthe, après deux mille ans, ne pouvait-il pas, lui aussi, le façonner comme il l'entendait? Ne pouvait-il pas donner à ces person-nages, introduire dans ces légendes des premiers âges, les sentiments qu'il voulait porter sur la scène moderne? Ne pouvait-il pas, lui Gœthe, rester Gœthe, en faisant parler les héros de la fable antique? Un auteur médiocre, suivant pas à pas son modèle, aurait gâté en vers mo-dernes la sublime antiquité. Mais le génie de Gœthe se gardait bien d'un pareil servage; en empruntant un vêtement étranger, il ne voulait pas renier son indi-vidualité; ses personnages, il les dominait et ne leur obéissait pas; non, il les forçait à dire ce que lui-même voulait adresser à ses contemporains, à la postérité. De là la chaleur de ses discours, de là la beauté de l'expression, de là enfin l'originalité de cette composi-tion, que Schlegel appelle, à tort, nous croyons, une belle statue d'après l'antique.

Thoas est un prince intelligent, énergique et tolérant; Pylade est le plus beau modèle de l'amitié constante et éclairée; Oreste est une image de l'héroïsme sauvage, il est vrai, mais capable de repentir et de tendresse; il n'est pas sans ressemblance avec Hamlet, nous le vou-

lons bien, mais cette ressemblance ne défigure pas le
personnage. Iphigénie enfin, cette grande et belle figure,
qui occupe la première place dans le tableau du peintre,
Iphigénie, à qui l'auteur, certes, a donné plus d'un
trait des nobles dames qui ornaient la cour de Weimar,
personnifie la tendresse, le dévouement, l'apaisement
des passions, toutes les vertus qui composent la plus
belle parure de la femme.

Et pourtant, dit-on, cette œuvre n'est pas une tragédie.
Quoi! une amitié capable de tous les sacrifices ; une
piété qui, comparable à celle de Joseph, grandit par la
persécution ; une fille de roi, une sœur rendue orpheline
par une catastrophe épouvantable, proscrite au milieu
des Barbares, reportant tout son amour sur son jeune
frère, l'unique rejeton de sa race, et allant, sans le sa-
voir, immoler sur l'autel de Diane ce cher objet de ses
vœux : ne sont-ce pas là des scènes touchantes et dramatiques? Et ces belles scènes sont écrites dans un langage
qu'on a appelé divin; on y sent vivre partout ce souffle
poétique qui, « comme la tempête, qui agite l'air sans
qu'on sache d'où elle vient, réveille les sentiments mer-
veilleusement endormis au fond de nos cœurs. »

Non ! ne tourmentons pas sans cesse notre esprit pour
prouver, par comparaison, que telle œuvre est infé-
rieure à telle autre; suivons le critique romain, qui préfère les esprits qui admirent trop à ceux qui n'admirent
pas assez. Iphigénie est une grande œuvre, une des
œuvres les plus parfaites de l'immortel chantre de

Weimar; elle a toutes les qualités des œuvres faites
pour vivre dans la postérité. Qu'importe que le poëte
ait cédé à telle ou telle inspiration? Qu'importe qu'il
ait mis en relief tel sentiment plutôt que tel autre? Il
a touché, élevé les âmes de ses spectateurs; son but est
atteint. Enfin pour résumer la pensée qui a guidé
Gœthe dans la création cette œuvre, nous rappellerons
le sentiment de quelques vers qu'il mit sur un exem-
plaire d'Iphigénie adressé à un célèbre acteur de son
temps, à l'un des interprètes les plus heureux des
héros du poëte :

« Ce que le poëte, plein de foi et plein d'espérance,
confia à ce volume, le génie de l'artiste l'apprendra à
toutes les régions de l'Allemagne; son geste et sa voix
rediront au loin : L'humilité et la charité rachètent les
faiblesses humaines. »

Les vœux de Gœthe sont dépassés : ce n'est plus l'Allemagne seule, c'est le monde entier qui applaudit à ce
chef-d'œuvre, comme à tous les chefs-d'œuvre qu'il a
créés; et son nom sera aimé et célébré, aussi longtemps
que le culte des lettres restera en honneur parmi les
hommes.

B. L.

ARGUMENT ANALYTIQUE

D'IPHIGÉNIE EN TAURIDE.

ACTE PREMIER.

Iphigénie, transportée miraculeusement en Tauride, où elle est devenue prêtresse de Diane, se plaint, en vers touchants, du sort cruel qui la retient loin de sa patrie. — Arcas vient annoncer l'arrivée de Thoas, le roi de la contrée; il exhorte Iphigénie à céder au désir de son maître, en acceptant la main qu'il va lui offrir. Iphigénie rejette ce conseil avec effroi. — Thoas entre et, après avoir gémi sur sa triste solitude, il demande une fois encore à Iphigénie de partager son trône. Le refus de la prêtresse l'irrite; alors celle-ci, pour apaiser le ressentiment du roi, raconte la terrible histoire de la race de Tantale; Thoas cependant persiste dans sa demande, et trouvant Iphigénie inflexible, il rétablit les sacrifices humains pour se venger des dédains de la prêtresse. — Iphigénie, restée seule, implore Diane pour les étrangers que Thoas va envoyer à l'autel.

ACTE II.

Oreste et Pylade sont amenés dans le temple pour y être immolés. Oreste consent volontiers à mourir; la mort mettra un terme à ses misères. Pylade cherche à relever son âme en lui rappelant les beaux jours de leur jeunesse; mais Oreste

1

y trouve une source de douleurs nouvelles ; alors Pylade
rappelle l'oracle d'Apollon qui ne trompe pas ; il annonce
aussi qu'une prêtresse pleine de piété préside au temple,
et c'est en elle qu'il espère. — Iphigénie entre. Pylades, heureux de reconnaître, à sa voix, son origine grecque, forge
une histoire pour l'intéresser à son sort et à celui d'Oreste
qu'il fait passer pour son frère. Puis, répondant aux questions de la prêtresse, il raconte la chute de Troie et les des-
tinées des chefs qui prirent cette ville. Iphigénie s'enfuit,
vaincue par la douleur, quand elle apprend la mort funeste
de son père. — Pylade, témoin de l'intérêt qu'elle prend au
sort d'Agamemnon, se hâte d'envoyer Oreste vers celle qui
doit les sauver.

ACTE III.

Oreste, interrogé par Iphigénie, continue le récit des malheurs de ceux qui revinrent de Troie ; enfin, mal instruit à
dissimuler, il se fait connaître à Iphigénie. Iphigénie exprime
en beaux vers la joie qu'elle ressent ; elle cherche à calmer
les violentes agitations de son frère infortuné, et lui apprend qu'Iphigénie est devant lui, qu'il a retrouvé sa sœur.
Transports d'Oreste. — Il se croit le jouet d'un songe, ou
plutôt il pense être descendu sur les rives du Styx, et revoir,
dans le royaume des ténèbres, tous les membres de sa malheureuse famille. — Iphigénie et Pylade, qui reviennent, lui
semblent, comme lui-même, descendus dans la sombre région
des ombres. — Pylade toujours résolu, toujours plein d'ardeur, propose de profiter d'un vent favorable pour mettre
aussitôt à la voile.

ACTE IV.

Iphigénie fait l'éloge de l'amitié. — Arcas vient pour l'en-
gager à hâter le sacrifice des étrangers. Iphigénie prétexte

un empêchement. Arcas rappelle à la prêtresse les bienfaits de Thoas envers elle. — Iphigénie émue par les paroles
d'Arcas a consenti à attendre le roi. — Pylade arrive et annonce avec allégresse la guérison d'Oreste; «Notre vaisseau
est prêt, ajoute-t-il, partons.» Iphigénie lui déclare à regret
qu'elle a promis d'attendre. Douleur de Pylade. Cependant
il imagine aussitôt un nouveau moyen de salut. Iphigénie ne
veut pas consentir à tromper Thoas, son bienfaiteur. Pylade
sort en mettant leur salut entre ses mains. — Dans cette douloureuse situation Iphigénie, accusant presque les dieux eux-
mêmes, rappelle une vieille chanson qui célèbre les maux
que les immortels ont infligés au malheureux Tantale.

ACTE V.

Arcas annonce au roi que les étrangers sont sur le point
de fuir; Thoas mande la prêtresse. — Il se plaint de l'ingratitude d'Iphigénie. — Celle-ci entre et le roi lui reproche de
différer le sacrifice. Iphigénie cherche à calmer son cour-
roux; elle lui révèle quels sont les étrangers dont il demande
la mort, et le supplie de faire grâce à Oreste et à Pylade. —
Oreste survient, et annonce la lutte engagée entre ses compagnons et les habitants de la Tauride. — Iphigénie calme
son ardeur et celle du roi. — Entrent Pylade et Arcas tout
prêts à poursuivre le combat, mais Thoas et Oreste leur
ordonnent d'arrêter l'élan des combattants; ils se retirent.
— Iphigénie exhorte à la conciliation et le roi et son frère.
Elle apaise leurs ressentiments, et Thoas, cédant à sa douce
persuasion, lui permet enfin de quitter la Tauride avec son
frère et Pylade.

Perſonen.

Iphigenie.
Thoas, König der Taurier.
Oreſt.
Pylades.
Arkas.

Schauplatz: Hain vor Dianens Tempel.

Iphigenie auf Tauris.

Erster Aufzug.

Erster Auftritt.

Iphigenie (allein).

Heraus¹ in eure Schatten, rege Wipfel²
Des alten, heil'gen, dichtbelaubten Haines³,
Wie in der Göttin stilles Heiligthum,
Tret' ich noch jetzt⁴ mit schauderndem Gefühl,
Als wenn ich sie zum erstenmal beträte,   5
Und es gewöhnt sich nicht mein Geist hierher⁵.

1. Heraus. Cette particule doit être rattachée au verbe tret'. Selon la construction ordinaire, elle devrait occuper la dernière place de la proposition.

2. Wipfel, cime, est synonyme de Gipfel; dans ce mot nous trouvons donc le W initial employé pour le G ou réciproquement. Il y a bien des exemples de cette mutation, nous savons de plus que les mots allemands qui commencent par W, changent ce W en G, quand ils passent dans les langues néolatines, en français par exemple. Ainsi : Wilhelm, Guillaume ; Wehr, guerre ; Weise, guise ; warten, garder, etc.

3. Hain, bois, bois sacré, appartient au style poétique.

4. Noch jetzt, maintenant encore, c'est-à-dire après tant d'années. Le sacrifice d'Iphigénie et sa délivrance miraculeuse avaient précédé la guerre de Troie ; cette guerre dura dix ans, et les événements qui suivirent, jusqu'à l'arrivée d'Oreste et de Pylade en Tauride, ont dû exiger au moins un égal nombre d'années ; il en résulte qu'à supposer les dates au point de vue historique, Iphigénie devait être en Tauride depuis plus de vingt ans ; mais le poète n'a que faire de cette précision historique.

5. Es est explétif. — Hier

So manches Jahr[1] bewahrt mich hier verborgen[2]
Ein hoher Wille, dem ich mich ergebe;
Doch immer bin ich, wie im ersten[3], fremd.
Denn ach! mich trennt das Meer von den Geliebten,   10
Und an dem Ufer steh' ich lange Tage,
Das Land der Griechen mit der Seele suchend;
Und gegen meine Seufzer bringt die Welle
Nur dumpfe Töne brausend mir herüber.
Weh dem, der fern von Eltern und Geschwistern[4]   15
Ein einsam Leben führt! Ihm zehrt der Gram
Das nächste Glück vor seinen Lippen weg[5].
Ihm schwärmen abwärts immer die Gedanken

ber, à ces lieux. Hierher est un adverbe de mouvement qu'il est difficile de rendre par l'adverbe français correspondant ici ; ce dernier marquant à la fois repos et mouvement, est moins expressif que hierher.

1. Manches Jahr. Nous avons parlé un peu plus haut de ce nombre d'années. Weber, dans son commentaire sur l'*Iphigénie*, dit avec raison que le poëte a employé à dessein le mot indéterminé manches ; il ne veut pas que le lecteur songe à l'âge de son héroïne, à qui il aime à donner toutes les grâces de la jeunesse.

2. Verborgen, de verbergen, cacher. Iphigénie est en effet cachée pour sa famille qui ignore son sort ; c'est là ce qui afflige surtout son cœur qui ne respire que pour les siens.

3. Im ersten, sous-entendu Jahre.

4. Geschwister, formé de Schwester, sœur, est un nom collectif du genre neutre, et ne s'em-

ploie guère qu'au pluriel ; il exprime la réunion des frères et des sœurs d'une famille. Nous n'avons pas de mot français correspondant.

5. Ihm ... weg, la douleur dévore sur ses lèvres son bonheur le plus beau. Tous les commentateurs de Gœthe ont remarqué avec raison qu'il y a ici une allusion à Tantale ; lui aussi est condamné au supplice de se voir ravir sans cesse les biens dont il espère jouir. Cette image qui pourrait sembler recherchée ailleurs, trouve ici sa place la plus convenable. Il est probable que les descendants de Tantale entendaient souvent parler de la grandeur et de la chute de leur aïeul, et ces métaphores grandioses devaient être familières à cette race fatale. Cette belle figure n'existait pas dans la pièce en prose où il est dit : ihm läßt der Gram des schönsten Glückes nicht genießen, la douleur ne le laisse pas jouir du bonheur le plus beau.

Nach seines Vaters Hallen,¹ wo die Sonne
Zuerst den Himmel vor ihm aufschloß, wo　　20
Sich Mitgeborne² spielend fest und fester
Mit sanften Banden an einander knüpften.
Ich rechte mit den Göttern nicht; allein
Der Frauen Zustand³ ist beklagenswerth.
Zu Haus⁴ und in dem Kriege herrscht der Mann,　　25
Und in der Fremde⁵ weiß er sich zu helfen.
Ihn⁶ freuet der Besitz; ihn krönt der Sieg!
Ein ehrenvoller Tod ist ihm bereitet.
Wie enggebunden ist des Weibes Glück⁷!
Schon einem rauhen Gatten zu⁸ gehorchen,　　30

1. Halle, signifie en général une grande place couverte. C'est le mot français halle. Il signifiait autrefois salle d'exercices, salle d'armes, etc. En poésie on l'emploie, surtout au pluriel, pour désigner une demeure royale, un palais. Dans la pièce en prose Gœthe exprime la même idée par Wohnung.

2. Mitgeborne, nés avec, c'est-à-dire les frères et les sœurs. Ce mot, créé par Gœthe, est synonyme de Geschwister que nous avons vu plus haut. Il est formé comme le grec συγγονος. — Fest und fester, de plus en plus étroitement. Dans ces sortes de locutions Gœthe emploie souvent, comme ici, le positif suivi du comparatif; d'ordinaire l'allemand répète deux fois le comparatif en mettant devant le second immer, toujours: fester und immer fester; hehler und immer hehler, u.

3. Der Frauen Zustand. Ces plaintes sur la condition de la femme se rencontrent sou-

vent dans l'Iphigénie d'Euripide.

4. Zu Haus, à la maison, dans l'intérieur de sa demeure. Peut-être cette locution, placée à côté de im Kriege, signifie-t-elle en temps de paix. Ce serait un latinisme.

5. Die Fremde, la terre étrangère. Ce mot est un vieux substantif, et non l'adjectif fremd pris substantivement.

6. Ihn. Le pronom personnel, placé ainsi au commencement de la proposition, donne une grande énergie à l'expression.

7. Wie enggebunden ist des Weibes Glück, combien est limité le bonheur de la femme, combien sont étroites les limites du bonheur de la femme.

8. Zu. Devant l'infinitif servant de sujet, la préposition zu peut être employée ou omise. Dans cette période la suite des idées est facile à saisir, quoique le poète s'exprime avec une grande concision. Obéir à un époux sévère, c'est son devoir et sa consolation; ainsi dans la condition la

Ist Pflicht und Trost; wie elend, wenn sie gar
Ein feindlich Schickſal in die Ferne¹ treibt!
So² hält mich Thoas hier, ein edler Mann,
In ernſten, heil'gen Sklavenbanden feſt.
O wie beſchämt geſteh' ich, daß ich dir   35
Mit ſtillem Widerwillen diene, Göttin,
Dir meiner Retterin! Mein Leben ſollte
Zu freiem Dienſte dir gewidmet ſein.
Auch³ hab' ich ſtets auf dich gehofft und hoffe
Noch jetzt auf dich, Diane, die du⁴ mich,   40
Des größten Königes verſtoßne Tochter,
In deinen heil'gen, ſanften Arm genommen.
Ja, Tochter Zeus', wenn⁵ du den hohen Mann,
Den du, die Tochter fordernd, ängſtigteſt,

plus heureuse, la femme doit encore se résigner a beaucoup supporter; que sera-ce quand elle vivra dans l'exil, etc.

1. Die Ferne est, comme plus haut die Äemde, un vrai substantif, et non un adjectif employé substantivement.

2. So annonce qu'Iphigénie va citer un exemple, pour rendre plus évidente la pensée générale contenue dans les vers précédents. Cet exemple est tiré de sa propre condition; elle est malheureuse, esclave, quoiqu'elle soit prêtresse de Diane, quoiqu'elle soit noblement traitée par le roi de la contrée, où la déesse l'a transportée; aussi elle soupire après sa patrie, et ne sert qu'a regret les autels de sa libératrice.

3. Auch x. Iphigénie ne regrette pas de servir dans le temple de Diane, elle regrette de la servir en Tauride, loin de sa patrie,

dans sa chère Grèce, elle vouerait volontiers sa vie au service de la déesse. Nous verrons plus loin que Diane elle-même veut quitter ces rives, et son frère Apollon semble avoir chargé Oreste d'arracher à la Tauride son image sacrée.

4. Die du, toi qui; plus souvent l'allemand répète le pronom devant le relatif, tu die du.

5. Wenn. La construction grammaticale est: Wenn du zurückbegleitet (haſt) nämlich von den umgewanten Mattern Trojas nach seinem Vaterlande, etc. Ce même passage est moins beau dans l'Iphigénie en prose, où la construction se rapproche beaucoup plus de nos habitudes de langage: Ja, Tochter Zeus, daß du den Mann, deren Tochter du forderteſt, haſt du den götter-gleichen Agamemnon, der dir ſein Liebſtes zum Altar brachte, haſt du vom Heere der umgewanten Troja ihn glücklich und mit Ruhm

Wenn du¹ den göttergleichen Agamemnon,
Der dir sein Liebstes zum Altare brachte,
Von Troja's umgewandten Mauern rühmlich
Nach seinem Vaterland zurückbegleitet,
Die Gattin ihm, Elektren und den Sohn,
Die schönen Schätze, wohl erhalten hast: 　　50
So² gieb auch mich den Meinen endlich wieder,
Und rette mich, die du vom Tod errettet³,
Auch von dem Leben hier, dem zweiten Tode⁴!

Zweiter Auftritt.

Iphigenie. Arkas.

Arkas.

Der König sendet mich hierher und beut⁵
Der Priesterin Dianens Gruß und Heil⁶. 　　55
Dieß ist der Tag, da Tauris seiner Göttin
Für wunderbare⁷ neue Siege dankt.
Ich eile vor dem König und dem Heer,

nach seinem Vaterlande zurückbegleitet, hast du ihm bewahrt, x.

1. Wenn du. Ici il faut encore
sous entendre tu as ramené, etc.

2 So x. Quand une période
est composée de deux ou plusieurs
propositions, dont les premières
sont indirectes et la dernière prin-
cipale, celle-ci put commencer par
so; cette particule est surtout employée après des propositions indirectes un peu étendues, et ici elle
est d'une bien grande importance.

3. Errettet, Suppleez hast.

4. Zweiten Tode. Iphigénie
regarde la vie qu'elle mène comme
une mort anticipée, et elle supplie
la déesse de la sauver de cette
mort, comme elle l'a sauvée autrefois en Aulide.

5. Beut, forme poétique pour
bietet, de bieten, offrir, présenter.

6. Gruß und Heil. Le mot
Gruß, formule ordinaire de po-
litesse, est relevé par le mot poétique Heil.

7. Wunderbare. Deux épi-
thètes, se rapportant au même
substantif, sont rarement unies par
la conjonction.

Zu melden, daß er[1] kommt und daß es naht.
Iphigenie.
Wir sind bereit, sie würdig zu empfangen,   60
Und unsre Göttin sieht willkommnem[2] Opfer
Von Thoas' Hand mit Gnadenblick entgegen.
Arkas.
O fänd' ich auch den Blick der Priesterin,
Der werthen, vielgeehrten, deinen Blick,
O heil'ge Jungfrau, heller, leuchtender,   65
Uns allen gutes Zeichen! Noch bedeckt
Der Gram geheimnißvoll dein Innerstes;
Vergebens harren wir schon Jahre lang
Auf ein vertraulich Wort aus deiner Brust.
So lang ich dich an dieser Stätte kenne,   70
Ist dieß der Blick, vor dem ich immer schaudre;
Und wie mit Eisenbanden bleibt die Seele
In's Innerste des Busens dir geschmiedet.
Iphigenie.
Wie's der Vertriebnen, der Verwais'ten ziemt.
Arkas.
Scheinst du dir hier vertrieben und verwais't?   75
Iphigenie.
Kann uns zum Vaterland die Fremde werden!
Arkas.
Und dir ist fremd das Vaterland geworden.
Iphigenie.
Das ist's, warum mein blutend Herz nicht heilt.

---

1. Gr. Qu'on remplace er et
te par beide, ou par une autre forme
ordinairement employée, et l'on
verra aisément combien l'expression deviendrait triviale de poétique qu'elle est. Arcas, en fidèle

messager, s'acquitte tout d'abord
de sa mission, en annonçant l'arrivée du roi. Son langage est
d'une noble simplicité.

2. Willkommnem, de will-
kommen, bienvenu, agréable.

In erster Jugend, da sich kaum die Seele
An Vater, Mutter und Geschwister band, 80
Die neuen Schößlinge, gesellt und lieblich[1],
Vom Fuß der alten Stämme himmelwärts
Zu dringen strebten; leider faßte da
Ein fremder Fluch[2] mich an und trennte mich
Von den Geliebten, riß das schöne Band 85
Mit eh'rner Faust[3] entzwei. Sie war dahin[4],
Der Jugend beste Freude, das Gedeihn
Der ersten Jahre. Selbst gerettet, war
Ich nur ein Schatten mir, und frische Lust
Des Lebens blüht in mir nicht wieder auf. 90

Arkas.

Wenn du dich so unglücklich nennen willst,
So darf ich dich wohl auch undankbar nennen.

Iphigenie.

Dank[5] habt ihr stets.

Arkas.

Doch nicht den reinen Dank,

1. Gesellt und lieblich, unis et gracieux. Il y a dans la prose in lieblicher Gesellschaft, dans leur gracieuse union.

2. Ein fremder Fluch, une malédiction étrangère, c'est-à-dire une faute dont elle porte innocemment la peine. Allusion à Hélène, qui causa la guerre de Troie. Le poète grec garde moins de mesure; chez lui Iphigénie se répand en imprécations contre la perfide épouse de Ménélas.

3. Faust, poing. Ce mot est en allemand du style poétique. Le Français est obligé de le traduire par bras ou par main,

4. Sie war dahin, elle n'était plus, elle avait fui. L'adverbe dahin seul exprime l'idée de ce qui s'est éloigné, de ce qui n'est plus.

5. Dank.... Depuis le commencement de cette scène jusqu'à Dank habt ihr etc., la prose et les vers de Gœthe se suivent presque mot pour mot; cette ressemblance montre, comme on l'a souvent dit, que le vers iambique de cinq pieds est, de tous les vers, celui qui se rapproche le plus du style de la conversation, et c'est avec grande raison que les tragiques allemands en font généralement usage. Lessing, dans son drame de Nathan le Sage, a servi de modèle à Gœthe et à Schiller.

Um dessentwillen man die Wohlthat thut,
Den frohen Blick, der ein zufriednes Leben
Und ein geneigtes Herz dem Wirthe[1] zeigt.
Als dich ein tief geheimnißvolles Schicksal
Vor so vielen Jahren diesem Tempel brachte.
Kam Thoas dir, als einer Gottgegebnen,
Mit Ehrfurcht und mit Neigung zu begegnen,
Und dieses Ufer ward[2] dir hold und freundlich,
Das jedem Fremden sonst voll Grausens war,
Weil niemand unser Reich vor dir betrat,
Der an Dianens[3] heil'gen Stufen nicht,
Nach altem Brauch, ein blutig Opfer, fiel.

Iphigenie.

Frei athmen macht das Leben nicht allein.
Welch Leben ist's, das an der heil'gen Stätte,
Gleich einem Schatten um sein eigen Grab[4],
Ich nur vertrauern[5] muß? Und nenn' ich das
Ein fröhlich, selbstbewußtes Leben, wenn
Uns jeder Tag, vergebens hingeträumt,
Zu jenen grauen Tagen[6] vorbereitet,

---

1. Wirth, littéralement l'hôte, celui qui reçoit, désigne ici le bienfaiteur.

2. Ward ou wurde est l'imparfait du verbe werden, devenir, qui traduit souvent le verbe être du français.

3. Dianens génitif de Diana ou Diane. Les noms propres de femme, terminés par a ou par e, prennent ens au génitif.

4. Gleich ... Grab, semblable à une ombre, errant autour de son tombeau C'est une allusion à un dogme religieux; les anciens croyaient que la paix de la tombe n'était réservée qu'aux âmes pures, que les méchants, au contraire, erraient en spectres effroyables, cherchant en vain le repos dans les lieux destinés à la sépulture.

5. Vertrauern, passer dans le deuil; trauern, porter le deuil est un verbe neutre rendu actif par la particule ver; ainsi schlafen, donne verschlafen. stehen, verstehen, etc.

6. Zu jenen grauen Tagen. Le poète désigne par grauen Tagen, ces jours sombres et incertains qui sont réservés aux mânes descendus dans les enfers.

Die an dem Ufer Lethe's[1] selbstvergessend,
Die Trauerschaar der Abgeschiednen feiert[2]?
Ein unnütz Leben ist ein früher Tod   115
Dieß Frauenschicksal[3] ist vor allen mein's.

Arkas.

Den edeln[4] Stolz, daß du dir selbst nicht g'nügest,
Verzeih' ich dir, so sehr ich dich bedaure;
Er raubet den Genuß des Lebens dir.
Du hast hier nichts gethan seit deiner Ankunft?   120
Wer hat des Königs trüben Sinn erheitert?
Wer hat den alten grausamen Gebrauch,
Daß am Altar Dianens jeder Fremde
Sein Leben blutend läßt, von Jahr zu Jahr,
Mit sanfter Ueberredung aufgehalten,   125
Und die Gefangnen vom gewissen Tod
In's Vaterland so oft zurückgeschickt?
Hat nicht Diane, statt erzürnt zu sein,
Daß sie der blut'gen alten Opfer mangelt[5],
Dein sanft Gebet in reichem Maaß erhört?   130
Umschwebt mit frohem Fluge nicht der Sieg
Das Heer? und eilt er nicht sogar voraus?

1. An dem Ufer Lethe's, sur la rive du Léthé. Léthé, mot grec qui signifie oubli, est le nom d'une des rivières des Enfers chez les païens. Les âmes y buvaient l'oubli de leur vie terrestre.

2. Tage feiern n'a pas ici le sens de fêter ou célébrer les jours, mais celui de passer ses jours dans le repos.

3. Frauenschicksal est un mot composé formé par Gœthe qu'il serait, je pense, difficile de rencontrer ailleurs. Il ne se trouve pas dans le dictionnaire si complet des frères Grimm.

4. Den edeln. La phrase est elliptique; construisez: ich verzeihe dir den edeln Stolz (der macht), daß du etc.; Arcas nomme orgueil, ce dédain qu'Iphigénie montre pour tout ce qu'elle a fait; son influence bienfaisante a cependant suspendu la barbare coutume d'immoler, sur l'autel de Diane, des victimes humaines.

5. Mangeln avec son complément au génitif appartient au style poétique.

Und fühlt nicht jeglicher ein besser Loos,
Seitdem der König, der uns weis' und tapfer[1]
So lang geführet[2], nun sich auch der Milde
In deiner Gegenwart erfreut und uns
Des schweigenden Gehorsams Pflicht erleichtert[3]?
Das nennst du unnütz, wenn von deinem Wesen
Auf Tausende herab ein Balsam[4] träufelt?
Wenn du dem Volke, dem ein Gott dich brachte,
Des neuen Glückes[5] ew'ge Quelle wirst,
Und an dem unwirthbaren[6] Todesufer
Dem Fremden[7] Heil und Rückkehr zubereitest?

Iphigenie.

Das Wenige[8] verschwindet leicht dem Blick,
Der vorwärts sieht, wie viel noch übrig bleibt.

Arkas.

Doch[9] lobst du den, der, was er thut, nicht schätzt?

---

1. **Weise und tapfer.** Tous les adjectifs s'emploient aussi comme adverbes de manière.

2. **Geführet.** En prose on préfère geführt.

3. **Erleichtert.** Arcas veut dire, sans doute, que l'obéissance muette est devenue plus facile, parce que le roi ne commande plus rien de cruel, depuis qu'Iphigénie est prêtresse de Diane.

4. **Balsam** appartient évidemment à la même racine que baume, et se dit au figuré, comme le mot français, de tout ce qui adoucit nos peines.

5. **Des neuen Glückes** sera expliqué, un peu plus bas, par Thoas lui-même, qui rappelle que son peuple est comblé des bénédictions du ciel, depuis qu'Iphigénie est prêtresse de Diane.

6. **Unwirthbar.** Nous savons, par ce qui précède, pourquoi le rivage de la Tauride s'appelle unwirthbar. Unwirthbar est formé comme le mot grec ἄξενος.

7. **Dem Fremden**, pour l'étranger. C'est un datif à l'instar du grec et du latin. Au lieu du datif, l'allemand peut aussi employer (et il l'emploie volontiers dans le style familier) la préposition für suivi d'un accusatif; cette dernière tournure se rapproche des habitudes du français.

8. **Das Wenige**, le peu, c'est-à-dire le peu qu'on a fait.

9. **Doch.** L'emploi de doch à la tête d'une proposition interrogative, est assez remarquable.

Iphigenie.

Man tadelt den, der seine Thaten wägt[1].

Arkas.

Auch den, der wahren Werth zu stolz[2] nicht achtet.
Wie den, der falschen Werth zu eitel hebt.
Glaub' mir und hör' auf eines Mannes Wort,   150
Der treu und redlich dir ergeben ist:
Wenn heut der König mit dir redet, so
Erleichtr' ihm, was er dir zu sagen denkt.

Iphigenie.

Du ängstest[3] mich mit jedem guten Worte;
Oft weich ich seinem Antrag mühsam aus.   155

Arkas.

Bedenke, was du thust und was dir nützt!
Seitdem der König seinen Sohn verloren[4],
Vertraut er wenigen der Seinen mehr,
Und diesen wenigen nicht mehr wie sonst.
Mißgünstig sieht er jedes Edeln Sohn   160
Als seines Reiches Folger an, er fürchtet[5]

---

1. Wägen, peser, au propre et au figuré; de là estimer, etc. Ce verbe est régulier comme verbe dérivé. Il y a entre wägen et le primitif wiegen la même différence qu'entre träufen et triufen; feufen et fiufen, etc. A observer la véritable valeur des mots, wiegen devrait toujours être neutre et wägen actif; néanmoins on emploie souvent wiegen pour wägen.

2. Zu stolz et zu eitel, trop fièrement, trop vainement. Ainsi il y a orgueil à dédaigner son mérite, quand il est réel, comme il y a vanité à exalter le mérite imaginaire.

3. Aengsten, inquiéter, tourmenter. En prose on emploie plus souvent ängstigen. Iphigénie est saisie d'effroi en apprenant que Thoas vient de nouveau lui rappeler ce qu'elle n'a déjà que trop bien compris, c'est-à-dire le dessein qu'il a formé de la choisir pour épouse. Dans le plan du premier acte de l'Iphigénie en Tauride de Racine, c'est le fils de Thoas qui recherche la main d'Iphigénie.

4. Verloren. Après verloren suppléez hat.

5. Folger signifie littéralement celui qui suit, et par conséquent qui succède, le successeure

Ein einsam, hülflos Alter, ja vielleicht
Verwegnen Aufstand und frühzeit'gen Tod.
Der Scythe setzt' in's Reden keinen Vorzug,
Am wenigsten der König. Er, der nur   185
Gewohnt ist zu befehlen und zu thun,
Kennt nicht die Kunst ", von weitem ein Gespräch
Nach seiner Absicht langsam sein zu lenken.
Erschwer's ihm nicht durch ein rückhaltend' Weigern,
Durch ein vorsätzlich Mißverstehen! Geh'   170
Gefällig ihm den halben Weg entgegen!

    Iphigenie.

Soll ich beschleunigen, was mich bedroht?

    Arkas.

Willst du sein Werben ' eine Drohung nennen?

    Iphigenie.

Es ist die schrecklichste von allen mir.

    Arkas.

Gieb ihm für seine Neigung nur Vertrau'n!   175

En prose le mot successeur est ordinairement traduit par Nachfolger.

1. Der Scythe setzt. Les Scythes dédaignaient les ornements du discours; leur laconisme, aussi bien que celui des Spartiates, était passé en proverbe. Selon les historiens grecs, ces peuplades farouches répondaient souvent, par des images symboliques, aux ambassadeurs qui venaient chez eux. Ici König désigne Thoas, le roi actuel, et non un roi quelconque de la Tauride.

2. Kennt nicht die Kunst. C'est le développement de l'idée exprimée plus haut: Der Scythe setzt, etc. De ce que le Scythe n'a pas confiance dans les discours, il n'a pas non plus appris à conduire a ses fins un discours habilement préparé.

3. Rückhaltend et un peu plus loin vorsätzlich, plus haut einsam, hülflos, genau, vertraulich, et d'autres exemples, montrent que Goethe aime à supprimer la terminaison et un nom, et à l'acc. neutres des adjectifs.

1. Werben, rechercher en mariage. C'est le mot propre qu'Arcas emploie pour la première fois.

Iphigenie.

Wenn er von Furcht erst meine Seele löst.

Arkas.

Warum verschweigst du deine Herkunft ihm?

Iphigenie.

Weil einer Priesterin Geheimniß ziemt.

Arkas.

Dem König sollte nichts Geheimniß seyn!
Und ob er's gleich nicht fordert, fühlt er's doch,   185
Und fühlt es tief in seiner großen Seele,
Daß du sorgfältig dich vor ihm verwahrst¹.

Iphigenie.

Nährt er Verdruß und Unmuth gegen mich?

Arkas.

So scheint es fast. Zwar schweigt er auch von dir ;
Doch haben hingeworfne Worte mich   185
Belehrt, daß seine Seele fest den Wunsch
Ergriffen hat, dich zu besitzen. Laß.
O überlaß² ihn nicht sich selbst, damit
In seinem Busen nicht der Unmuth reife
Und dir Entsetzen bringe, du zu³ spät   190
An meinen treuen Rath mit Reue denkest!

Iphigenie.

Wie? Sinnt der König, was kein edler Mann,

---

1. Verwahren, garder, cacher, et ici s'entourer de mystères.

2. Ueberlaß explique l'acception dans laquelle est prise laß.

3. Du zu. Les dernières propositions ne dépendent pas, comme la première, de damit, mais plutôt de daß ou so daß. Il faut donc traduire: ne l'abandonne pas à lui-même, afin que son dépit ne mûrisse pas dans son sein, et devienne pour toi un sujet de terreur, alors tu te repentirais trop tard d'avoir méconnu mes fidèles avis.

2

Der seinen Namen[1] liebt und dem Verehrung
Der Himmlischen den Busen bändiget[2],
Ie denken sollte? Sinnt[3] er vom Altar   195
Mich in sein Bette[4] mit Gewalt zu ziehn?
So ruf' ich alle Götter und vor allen
Dianen, die entschloßne Göttin, an,
Die ihren Schutz der Priesterin gewiß,
Und Jungfrau einer Jungfrau gern gewährt.   200

Arkas.

Sey ruhig! Ein gewaltsam neues[5] Blut
Treibt nicht den König, solche Jünglingsthat[6]
Verwegen auszuüben. Wie er sinnt,
Befürcht' ich andern[7] harten Schluß von ihm,
Den unaufhaltbar er vollenden wird;   205
Denn seine Seel' ist fest und unbeweglich.
Drum bitt' ich dich, vertrau' ihm, sey ihm dankbar.
Wenn du ihm weiter nichts gewähren kannst!

1. Name, nom, réputation, gloire.

2. Dem Verehrung den Busen bändiget; chez qui le respect des dieux dompte le sein, c'est à dire dont la religion modère les passions. Den Busen bändigen est une expression homerique. ἄζματον θυμόν μέγαν, dompte ton grand cœur, dit Phénix à Achille (Iliade IX, 496).

3. Sinnen, méditer, songer, penser.

4. Bette pour Bett, lit, couche. Ce mot, avec un très petit nombre d'autres noms neutres, prend en au pluriel Goethe emploie quelquefois le pluriel Better, qu'on trouve dans d'autres écrivains du dix-huitième siècle, et qu'on entend encore employer dans plusieurs parties de l'Allemagne.

5. Gewaltsam neues. On trouve souvent dans Goethe deux épithètes dont la première reste invariable, et joue le rôle d'un adv.

6. Jünglingsthat, action de jeune homme; un emportement, une violence juvénile. Dans la pièce en prose on lit: Solche rasche Jünglin..that berückt nicht in Thoas Blut. Le mot est poétique.

7. Andern. Suppléez einen ou irgend einen. Arcas fait allusion aux sacrifices sanglants que Thoas rétablira peut-être, pour se venger des dédains d'Iphigénie; car c'est à ses prières qu'il avait cédé, en suspendant les immolations humaines.

Iphigenie.

O sage, was dir weiter noch bekannt ist!

Arkas.

Erfahr's von ihm! Ich seh' den König kommen;   210
Du ehrst ihn, und dich heißt dein eigen Herz,
Ihm freundlich und vertraulich zu begegnen.
Ein edler Mann wird durch ein gutes Wort
Der Frauen [1] weit geführt.   (Ab.)

Iphigenie (allein).

Zwar seh' ich nicht,
Wie ich dem Rath des Treuen [2] folgen soll;   215
Doch folg' ich gern der Pflicht, dem Könige
Für seine Wohlthat [3] gutes Wort zu geben,
Und wünsche mir, daß ich dem Mächtigen,
Was ihm gefällt, mit Wahrheit sagen möge [4].

Dritter Auftritt.

Iphigenie. Thoas.

Iphigenie.

Mit königlichen Gütern [5] segne dich   220
Die Göttin! Sie gewähre Sieg und Ruhm
Und Reichthum und das Wohl der Deinigen

1. Der Frauen. Dans la pièce en prose cette pensée est exprimée comme ici; mais sans le génitif der Frauen.
2. Des Treuen s. ent. Arkas.
3. Wohlthat, bienfait. Iphigénie veut parler de l'hospitalité qu'elle a reçue.
4. Daß ich.... sagen möge, de pouvoir dire.
5. Mit königlichen Gütern. Elle explique dans les vers suivants ce qu'elle entend par biens royaux: la victoire, la gloire, la richesse, la prospérité des siens, etc.

Und jedes frommen Wunsches Fülle¹ dir!
Daß, der du über viele sorgend² herrschest,
Du auch vor vielen seltnes Glück genießest!   225

Thoas.

Zufrieden wär' ich, wenn mein Volk mich rühmte³:
Was ich erwarb, genießen andre mehr
Als ich. Der ist am glücklichsten, er sei
Ein König oder ein Geringer, dem
In seinem Hause⁴ Wohl bereitet ist.   230
Du nahmest Theil an meinen tiefen Schmerzen,
Als mir das Schwert der Feinde meinen Sohn,
Den letzten, besten, von der Seite riß⁵.
So lang die Rache meinen Geist besaß,
Empfand ich nicht die Oede meiner Wohnung;   235
Doch jetzt, da ich befriedigt wiederkehre,
Ihr Reich⁶ zerstört, mein Sohn gerochen ist,
Bleibt mir zu Hause nichts, das mich ergötze.
Der fröhliche Gehorsam⁷, den ich sonst

---

1. Und jedes frommen Wunsches Fülle. En résumant ses souhaits, Iphigénie demande pour Thoas l'accomplissement de tous ses vœux, mais elle a soin d'ajouter l'épithète fromm, pieux. Le désir du roi, de la conduite comme épouse dans sa demeure, semble, à la prêtresse de Diane, un vœu impie dont l'accomplissement comblerait ses malheurs.

2. Sorgend, soucieux, accablé de soins.

3. Wenn mein Volk mich rühmte, si mon peuple vantait, c'est-à-dire si mon peuple vantait mon règne, était heureux sous mes lois.

4. Dem in seinem Hause &c. à qui le bonheur sourit dans sa propre demeure.

5. Von der Seite riß, arracha à mes côtés — Ce fils est-il tombé en combattant à côté du roi; ou bien la locution von der Seite a-t-elle un sens figuré? Les deux versions sont admissibles, elles conduisent d'ailleurs au même résultat.

6. Ihr Reich, leur empire, c'est-à-dire l'empire des ennemis.

7. Der fröhliche Gehorsam, l'heureuse obéissance. Tant que Thoas avait un fils, ses sujets, pleins de confiance dans l'avenir, obéissaient avec joie à leur roi; maintenant qu'il n'a plus de successeur, les inquiétudes de l'avenir

Aus einem jeden Auge blicken sah, 240
Ist nun von Sorg' und Unmuth still[1] gedämpft.
Ein jeder sinnt, was künftig werden wird[2],
Und folgt dem Kinderlosen[3], weil er muß.
Nun komm' ich heut' in diesen Tempel, den
Ich oft betrat, um Sieg zu bitten und 245
Für Sieg zu danken. Einen alten Wunsch
Trag' ich im Busen, der auch dir nicht fremd,
Noch unerwartet ist: ich hoffe, dich,
Zum Segen meines Volks und mir zum Segen,
Als Braut[4] in meine Wohnung einzuführen. 250

Iphigenie.

Der Unbekannten bietest du zu viel,
O König, an. Es steht die Flüchtige
Beschämt vor dir, die nichts an diesem Ufer
Als Schutz und Ruhe sucht, die du ihr gabst.

Thoas.

Daß du in das Geheimniß deiner Ankunft[5] 255
Vor mir, wie vor dem Letzten, stets dich hüllest,
Wär' unter keinem Volke recht und gut.
Dieß Ufer schreckt die Fremden: das Gesetz
Gebietet's und die Noth[6]. Allein von dir,

---

troublent les esprits, et ne leur laissent plus cette douce tranquillité, qui faisait la joie et la sécurité du souverain.

1. Still, en silence. On est inquiet sans l'avouer tout haut.

2. Was künftig werden wird, littér.: ce qui deviendra (adviendra) dans l'avenir: ce que l'avenir peut réserver.

3. Dem Kinderlosen, au privé d'enfants, c'est-à-dire à Thoas sans héritier désormais.

4. Braut, fiancé, et le composé Bräutigam, fiancé, appartiennent a une haute antiquité. Comparez le français bru.

5. Ankunft, arrivée. Les premières éditions portent Abkunft, descendance; mais il est plus probable que Goethe voulait parler des mystères qui entourèrent l'arrivée d'Iphigénie en Tauride.

6. Die Noth, la nécessité. Sans doute le besoin de se défendre contre toute invasion.

Die jedes frommen Rechts genießt, ein wohl 260
Von uns empfangner Gast, nach eignem Sinn
Und Willen ihres Tages sich erfreut,
Von dir hofft' ich Vertrauen, das der Wirth¹
Für seine Treue wohl erwarten darf.

Iphigenie.

Verbarg ich meiner Eltern Namen und 265
Mein Haus, o König, war's² Verlegenheit,
Nicht Mißtrau'n. Denn vielleicht, ach! wüßtest du,
Wer vor dir steht, und welch verwünschtes Haupt
Du nährst und schützest, ein Entsetzen faßte
Dein großes Herz mit seltnem Schauer an, 270
Und statt die Seite deines Thrones mir
Zu bieten, triebest du mich vor der Zeit³
Aus deinem Reiche; stießest mich⁴ vielleicht,
Eh' zu den Meinen frohe Rückkehr mir
Und meiner Wand'rung Ende⁵ zugedacht ist, 275
Dem Elend zu, das jeden Schweifenden,
Von seinem Haus Vertriebnen überall
Mit kalter, fremder Schreckenshand erwartet.

Thoas.

Was auch der Rath der Götter mit dir sey,

---

1. **Wirth** est celui qui reçoit et **Gast** celui qui est reçu. Le français n'a guère que le mot hôte pour les deux mots allemands.

2. **Verbarg ich, ... war's,** si j'ai caché, ... c'était par, etc.

3. **Vor der Zeit,** avant le temps, avant l'heure marquée par le destin.

4. **Stießest mich..... dem Elend zu,** tu me pousserais vers cette misère; le mot Elend désigne, dans sa première acception, la vie malheureuse des proscrits, et le poète personnifie cette existence, en lui attribuant une main qui glace et épouvante.

5. **Meiner Wanderung Ende.** Iphigénie appelle pèlerinage son séjour dans la Tauride, où elle a été transportée pour expier le sacrilège de son père Agamemnon; le retour dans sa patrie, au milieu des siens, sera la fin de son pèlerinage, **meiner Wanderung Ende.**

Und was sie deinem Haus und dir gedenken[1],   280
So fehlt es doch, seitdem du bei uns wohnst
Und eines frommen Gastes Recht genießest,
An Segen nicht, der mir von oben kommt.
Ich möchte schwer zu überreden[2] seyn,
Daß ich an dir ein schuldvoll Haupt beschütze.   285

Iphigenie.

Dir bringt die Wohlthat[3] Segen, nicht der Gast.

Thoas.

Was man Verruchten thut, wird nicht gesegnet.
Drum endige dein Schweigen und dein Weigern!
Es fordert dieß kein ungerechter Mann.
Die Göttin übergab dich meinen Händen;   290
Wie du ihr heilig warst, so warst du's mir.
Auch sey ihr Wink noch künftig mein Gesetz:
Wenn du nach Hause Rückkehr hoffen kannst,
So sprech' ich dich von aller Ford'rung los.
Doch ist der Weg auf ewig dir versperrt,   295
Und ist dein Stamm vertrieben oder durch
Ein ungeheures Unheil ausgelöscht,
So bist du mein durch mehr als ein Gesetz.
Sprich offen! und du weißt, ich halte Wort.

Iphigenie.

Vom alten Bande löset[4] ungern sich   300
Die Zunge los, ein langverschwiegenes

---

1. Gedenken, suivi du datif, signifie *garder rancune* a quelqu'un, *songer à se venger de*, etc. Suivi du genitif, il signifie *penser à*.

2. Überreden a ici une acception passive.

3. Die Wohlthat, le bienfait, c'est-à-dire l'hospitalité que tu m'as si noblement accordée.

4. Vom alten Bande löset. Cette image est fort ancienne. Les secrets que nous portons avec nous imposent a la langue comme des liens, Iphigénie consent malgré elle à rompre ces liens.

Geheimniß endlich zu entdecken; denn,
Einmal vertraut, verläßt es ohne Rückkehr
Des tiefen Herzens sichre Wohnung, schadet,
Wie es die Götter wollen, oder nützt¹. 201
Vernimm! Ich bin aus Tantalus' Geschlecht².

Thoas.

Du sprichst ein großes³ Wort gelassen aus.
Nennst du den deinen Ahnherrn⁴, den die Welt
Als einen ehmals Hochbegnadigten
Der Götter kennt? Ist's jener Tantalus, 310
Den Jupiter zu Rath und Tafel zog⁵,
An dessen alterfahrnen, vielen Sinn
Verknüpfenden Gesprächen Götter selbst,
Wie an Orakelsprüchen, sich ergötzten⁶?

Iphigenie.

Er ist es; aber Götter sollten nicht 313
Mit Menschen, wie mit ihres Gleichen, wandeln⁷;
Das sterbliche Geschlecht ist viel zu schwach,
In ungewohnter Höhe nicht zu schwindeln.

---

1. Oder nützt est séparé de schadet, par une proposition incidente, qui forme une heureuse coupe de vers.

2. Ich bin aus Tantalus Geschlecht. Dans la pièce en prose on lit: Ich bin aus Tantal's merkwürdigem Geschlecht. L'épithète ajoutée à Geschlecht affaiblissait la pensée exprimée par Iphigénie. Le mot Tantalus lui-même, avec la désinence latine, a je ne sais quoi d'antique, qui sonne mieux ici que Tantal's.

3. Groß, grand, c'est-à-dire grave, terrible.

4. Ahnherr, aïeul, synonyme de Ahn, appartient au style relevé, ainsi que Ahnfrau.

5. Ist's jener Tantalus, den Jupiter zu Rath und Tafel zog, etc. Hyginus appelle Tantale, fils de Jupiter: « Tantalus, Jovis et Plutonis filius.... « Jupiter, Tantalo concredere sua « consilia solitus erat, et ad epu- « lum deorum admittere, quæ Tan- « talus ad homines renuntiavit. »

6. Sich ergötzen, se réjouir, prendre plaisir à, écouter avec délices.

7. Wandeln mit...., errer, marcher, aller avec, avoir commerce.

Uebel war er nicht und kein Verräther;
Allein zum Knecht zu groß, und zum Gesellen   320
Des großen Donn'rers nur ein Mensch. So war
Auch sein Vergehen[1] menschlich; ihr Gericht
War streng, und Dichter singen: Uebermuth
Und Untreu' stürzten ihn von Jovis Tisch
Zur Schmach des alten[2] Tartarus[3] hinab.   325
Ach! und sein ganz Geschlecht trug ihren Haß.

Thoas.

Trug es die Schuld des Ahnherrn oder eigne?

Iphigenie.

Zwar die gewalt'ge Brust und der Titanen[4]
Kraftvolles Mark war seiner Söhn' und Enkel
Gewisses Erbtheil; doch es schmiedete   330
Der Gott um ihre Stirn ein ehern Band[5]:
Rath, Mäßigung und Weisheit und Geduld
Verbarg er ihrem scheuen, düstern Blick;
Zur[6] Wuth ward ihnen jegliche Begier,

1. Sein Vergehen. Le crime d'avoir divulgué aux hommes ce qu'il avait vu et entendu à la table des dieux.

2. Alten. Les poètes appellent le Tartare vieux, antique, parce que, selon la fable, il sortit du chaos avant la terre.

3. Zur Schmach des alten Tartarus. « Dicitur ad inferos in « aquâ mediâ sine corporis stare, « semperque sitire: et quum haus- « tum aquæ vult sumere, aquam « recedere. Item poma ei super ca- « put pendent; quæ quum vult su- « mere, rami vento moti recedunt. « Item saxum super caput ejus in- « gens pendet quod semper timet « ne super se ruat. » (Hyginus.)

4. Titanen. Les Titans, comme Tantale lui-même, avaient été punis par les dieux, et l'orgueil avait causé leur perte commune.

5. Doch es schmiedete der Gott um ihre Stirn ein ehern Band, mais le Dieu forgea autour de leur front un bandeau d'arain. Cette métaphore énergique exprime admirablement l'aveugle fureur, qui pousse cette race de crime en crime, et lui imprime ce regard farouche et sinistre, scheuen, düstern Blick, dont parle le poète un peu plus loin.

6. Zur Wuth ward ihnen jegliche Begier, leurs passions se changeaient en fureurs.

Und gränzenlos drang ihre Wuth umher.   335
Schon Pelops[1], der Gewaltigwollende,
Des Tantalus geliebter Sohn, erwarb
Sich durch Verrath und Mord das schönste Weib,
Oenomaus' Erzeugte[2], Hippodamien.
Sie bringt den Wünschen des Gemahls zwei Söhne,   340
Thyest und Atreus. Neidisch sehen sie
Des Vaters Liebe zu dem ersten Sohn[3],
Aus einem andern Bette wachsend, an.
Der Haß verbindet sie, und heimlich wagt
Das Paar[4] im Brudermord die erste That[5].   345
Der Vater wähnet[6] Hippodamien
Die Mörderin, und grimmig fordert er
Von ihr den Sohn zurück, und sie entleibt
Sich selbst. —

Thoas.

Du schweigest[7]? Fahre fort zu reden!
Laß dein Vertrau'n dich nicht gereuen! Sprich!   350

1. Pelops. Pelops, fils de Tantale, épousa Hippodamie, fille d'Oenomaus. Hippodamie donna à son époux Atrée et Thyeste. Thyeste, nommé en premier lieu dans la pièce de Gœthe, était pourtant le plus jeune des deux frères.

2. Oenomaus' Erzeugte, poét. pour Oenomaus' Tochter.

3. Dem ersten Sohn. Ce fils était Chrysippe. Quelques auteurs le font fils de Pelops et d'Astyoche, d'autres lui donnent pour mère Danais.

4. Das Paar, c.-à-d. das Bruderpaar, le couple fraternel Atrée et Thyeste. Das Paar peint bien cette union funeste.

5. That, action; de ce mot viennent Wohlthat, bienfait, Missethat, méfait, Wohlthäter, bienfaiteur, etc. En poésie That signifie quelquefois forfait, comme facinus en latin.

6. Wähnen, soupçonner. Le mot wähnen vient de Wahn, illusion.

7. Du schweigst. Dans l'Iphigénie en prose le roi dit : Es naht diese That verruchten sich meine durch Geschlecht, ou forsait se multiplie en traversant les générations qui se suivent; et Iphigénie répond : Ein Haus erzeugt nicht gleich den Halbgott, noch das Ungeheuer etc. « Une maison n'engendre pas tout à coup un héros ou un monstre. » Ainsi Gœthe a ajouté à sa pièce

Iphigenie.

Wohl dem, der seiner Väter gern gedenkt,
Der froh von ihren Thaten, ihrer Größe
Den Hörer unterhält, und still sich freuend
An's Ende dieser schönen Reihe sich   355
Geschlossen sieht! Denn es erzeugt nicht gleich
Ein Haus den Halbgott noch das Ungeheuer;
Erst eine Reihe Böser ' oder Guter
Bringt endlich das Entsetzen, bringt die Freude
Der Welt hervor. — Nach ihres Vaters Tode   360
Gebieten Atreus und Thyest der Stadt,
Gemeinsam herrschend. Lange konnte nicht
Die Eintracht dauern. Bald entehrt ² Thyest
Des Bruders Bette. Rächend treibt Atreus
Ihn aus dem Reiche. Tückisch hatte schon
Thyest, auf schwere Thaten sinnend, lange   365
Dem Bruder einen Sohn ³ entwandt und heimlich
Ihn als den seinen schmeichelnd auferzogen.
Dem füllet er die Brust mit Wuth und Rache
Und sendet ihn zur Königsstadt, daß er
Im Oheim ⁴ seinen eignen Vater morde.   370

en vers le beau passage qui commence par: Wohl dem, der... jusqu'à sieht.

1. Eine Reihe ... hervor, une longue succession d'hommes bons ou méchants produit enfin les monstres ou les héros (littér. produit enfin la terreur ou la joie du monde). Racine exprime admirablement la même pensée: « Quelques crimes toujours précèdent les grands crimes; Quiconque a pu franchir les bornes légitimes Peut violer enfin les droits les plus sacrés. Ainsi que la vertu le crime a ses degrés. » (Phèdre, acte IV, sc. 2.)

2. L'épouse d'Atrée s'appelait Aérope.

3. Dem Bruder einen Sohn. Ce fils d'Atrée, Plysthène, n'est pas nommé par son nom, non plus que l'épouse déshonorée par Thyeste. Gœthe a pensé, avec raison, que ces noms moins connus du spectateur, n'ajouteraient rien à la beauté du drame, tout en y mêlant trop de noms propres.

4. Oheim, c'est-à-dire Atrée qu'il regardait comme son oncle.

Des Jünglings Vorsatz wird entdeckt; der König
Straft grausam den gesandten Mörder, wähnend,
Er tödte seines Bruders Sohn. Zu spät
Erfährt er, wer vor seinen trunknen Augen [1]
Gemartert stirbt; und die Begier der Rache   375
Aus seiner Brust zu tilgen, sinnt er still
Auf unerhörte That. Er scheint gelassen,
Gleichgültig und versöhnt, und lockt den Bruder
Mit seinen beiden Söhnen in das Reich
Zurück, ergreift die Knaben [2], schlachtet sie,   380
Und setzt die ekle, schaudervolle Speise
Dem Vater bei dem ersten Mahle [3] vor.
Und da Thyest an seinem Fleische sich
Gesättigt, eine Wehmuth ihn ergreift,
Er nach den Kindern fragt, den Tritt, die Stimme   385
Der Knaben an des Saales Thüre schon
Zu hören glaubt, wirft Atreus grinsend [4]
Ihm Haupt und Füße der Erschlagnen hin.
Du wendest [5] schaudernd dein Gesicht, o König:

---

1. Vor seinen trunkenen Augen, les yeux ivres de joie, en voyant torturer son assassin, qu'il prenait pour le fils de son frère. Dans l'*Iphigénie* en prose on lit : tu spät erfährt er, wen er umgebracht.

2. Die Knaben. Ces deux fils de Thyeste étaient Tantale et Plysthène.

3. Bei dem ersten Mahle. Clytemnestre dans *Racine* rappelle cet horrible souvenir : « Vous ne démentez point une race funeste; Oui, vous êtes le sang d'Atrée et de Thyeste : Bourreau de votre fille, il ne vous reste enfin Que d'en faire à sa mère un horrible festin. » (*Iphigénie*, acte IV, scène 4.)

4. Grinsend est d'une grande énergie, et termine heureusement le vers. Dans l'*Iphigénie* en prose l'expression est moins belle, moins forte : wirft Atreus, der entsetzliche, ihm Haupt und Füße der Geschlagenen hin. Atrée, l'effroyable Atrée, lui jette la tête et les pieds des enfants égorgés.

5. Du wendest. Ce mouvement d'horreur du roi fait rappeler que le soleil lui-même se détourna pour ne pas voir de pareilles horreurs. « Ob id scelus etiam sol currum avertit », dit Hyginus. Et Racine : « Et toi, so-

So wendete die Sonn' ihr Antlitz weg   390
Und ihren Wagen aus dem ew'gen Gleise.
Dieß sind die Ahnherrn deiner Priesterin;
Und viel unseliges[1] Geschick der Männer,
Viel Thaten des verworrnen Sinnes deckt
Die Nacht mit schweren Fittigen[2] und läßt   395
Uns nur die grauenvolle Dämm'rung sehn.

Thoas.

Verbirg sie schweigend auch! Es sei genug
Der Gräuel! Sage nun, durch welch ein Wunder
Von diesem wilden Stamme du entsprangst.

Iphigenie.

Des Atreus ält'ster Sohn war Agamemnon: 400
Er ist mein Vater. Doch ich darf es sagen,
In ihm hab' ich seit meiner ersten Zeit
Ein Muster des vollkommnen Manns gesehn.
Ihm brachte Klytämnestra mich, den Erstling
Der Liebe, dann Elektren. Ruhig herrschte   405
Der König, und es war dem Hause Tantal's
Die lang entbehrte Rast gewährt. Allein
Es mangelte dem Glück der Eltern noch
Ein Sohn, und kaum war dieser Wunsch erfüllt
Daß zwischen beiden Schwestern nun Orest,   410
Der Liebling wuchs als neues Uebel schon
Dem sichern Hause zubereitet war.

---

seil, et toi, qui, dans cette contrée,
Reconnais l'héritier et le vrai fils
d'Atrée, Toi qui n'osas du père
éclairer le festin. Recule, ils t'ont
appris ce funeste chemin. (*Iphigenie*, acte V, sc. 4.)

4. Und viel unseliges. Dans
l'*Iphigénie* en prose cette idée

est rendue plus simplement: Die
finstre Nacht hat noch viel schreck-
liches Geschick und Thaten dieser un-
seligen gebrütet, la sombre nuit a
couvé encore mille affreux destins
et forfaits de cette race infortunée

2. Mit schweren Fitti-
gen, de ses ailes pesantes.

Der Ruf des Krieges ist zu euch gekommen,
Der, um den Raub der schönsten Frau zu rächen,
Die ganze Macht[1] der Fürsten Griechenlands   115
Um Trojens Mauern lagerte. Ob sie
Die Stadt gewonnen, ihrer Rache Ziel
Erreicht, vernahm ich nicht. Mein Vater führte
Der Griechen Heer. In Aulis[2] harrten sie
Auf günst'gen Wind[3] vergebens: denn Diane,   120
Erzürnt auf ihren großen Führer, hielt
Die Eilenden zurück und forderte
Durch Kalchas' Mund des Königs ält'ste Tochter[4].
Sie lockten[5] mit der Mutter mich in's Lager;
Sie rissen mich vor den Altar und weihten   125
Der Göttin dieses Haupt. — Sie war versöhnt:

1. Die ganze Macht. Hyginus fait le dénombrement des rois et de leurs forces: « Agamemnon « Atrée et Aéropes filius, Mycenis, « navibus centum, Menelaus fra- « ter ejus, Mycenis, navibus sexa- « ginta, » etc.

2 In Aulis &c. Voici le récit de Hyginus: « Quum de Græcia « ad Aulidem Danai venissent, « Agamemnon Dianæ cervam oc- « cidit ignarus; unde dea irata fla- « tus ventorum removit. Quare « quum nec navigare possent, et « pestilentiam sustinerent, consulta « oracula dixerunt, Agamemnonio « sanguine esse placandam Dia- « nam. Ergo quum ab Ulixe, per « nuptiarum simulationem, ad- « ducta Iphigenia in eo esset ut im- « molaretur, numinis miseratione « sublata est, et cerva supposita: et « translata ad Tauricam civitatem, « regi Thoanti tradita est, sacer- « dosque facta Dictinnæ Dianæ. »

3. Wind. Nous avons remarqué déjà que Diane arrêta les vents. Racine dit: « La rame inutile Fatigua vainement une mer im- mobile. » (Iphigénie, acte I, sc. 1.) Et plus loin: « Nous attendons les vents qui nous sont refusés. » (Acte I, sc. 3.)

4. Des Königs älteste Toch- ter. Iphigénie a dit plus haut: Ihm brachte Klytemnestra mich, ben Grüßing &c. Dans Racine: « Pour obtenir les vents que le ciel vous dénie sacrifiez Iphigénie. » (Iphi-génie, acte I, sc. 1.)

5. Sie lockten &c. Racine a dit la même chose: « Le roi, pour vous tromper, feignait cet hy-ménée. » — Et ailleurs: « Un ora-cle fatal ordonne qu'elle expire. » (Acte IV, sc. 4.) — Et encore: « Ce champ si glorieux où vous aspirez tous. Si mon sang ne l'ar-rose, est stérile pour vous. » (Acte V, sc. 2.)

Sie wollte nicht mein Blut, und hüllte rettend
In eine Wolke mich; in diesem Tempel
Erkannt' ich mich zuerst vom Tode wieder.
Ich bin es selbst, bin Iphigenie,   130
Des Atreus Enkel, Agamemnon's Tochter,
Der Göttin Eigenthum, die mit dir spricht.

Thoas.

Mehr Vorzug und Vertrauen geb' ich nicht
Der Königstochter, als der Unbekannten.
Ich wiederhole meinen ersten Antrag: 135
Komm', folge mir und theile, was ich habe!

Iphigenie.

Wie darf ich solchen Schritt[1], o König, wagen?
Hat nicht die Göttin, die mich rettete,
Allein das Recht auf mein geweihtes Leben?
Sie hat[2] für mich den Schutzort ausgesucht,   140
Und sie bewahrt mich einem Vater, den
Sie durch den Schein[3] genug gestraft, vielleicht
Zur schönsten Freude seines Alters, hier[4].
Vielleicht ist mir die frohe Rückkehr nah;
Und ich, auf ihren Weg nicht achtend, hätte   145
Mich wider ihren Willen hier gefesselt?
Ein Zeichen bat ich[5], wenn ich bleiben sollte.

---

1. Schritt, pas, c'est-à-dire
le pas qu'elle ferait en cedant
aux instances de Thoas, en acceptant la main qu'il lui offre.

2. Sie hat. C'est donc
Diane elle même qui a choisi
cette retraite pour Iphigénie;
c'est à la déesse qu'elle appartient, et la prêtresse de Diane ne
pourrait, sans crime, se soumettre
aux lois de l'hyménée.

3. Durch den Schein,
par l'apparence, le simulacre (du
sacrifice). D'après Lucrèce le sacrifice fut réellement consommé, et
il en fait une peinture sombre et
pathétique.

4. Hier. L'adverbe hier se rapporte au verbe bewahrt.

5. Ein Zeichen bat ich. Ce
signe qu'Iphigénie a demandé à
Diane, sa protectrice, n'est pas

Thoas.

Das Zeichen ist, daß du noch hier verweilst.
Such' Ausflucht solcher Art nicht ängstlich auf!   450
Man spricht vergebens viel, um zu versagen;
Der andre hört von allem nur das Nein.

Iphigenie.

Nicht Worte sind es, die nur blenden sollen;
Ich habe dir mein tiefstes Herz entdeckt.
Und sagst du dir nicht selbst, wie ich dem Vater,   455
Der Mutter, den Geschwistern mich entgegen
Mit ängstlichen Gefühlen sehnen[1] muß?
Daß in den alten Hallen, wo die Trauer
Noch manchmal stille meinen Namen lispelt[2],
Die Freude, wie um eine Neugeborne,
Den schönsten Kranz von Säul' an Säulen[3] schlinge.   460
O sendetest du mich auf Schiffen hin,
Du gäbest mir und allen[4] neues Leben.

indiqué par ce qui précède. Weber, dans son commentaire sur
Iphigénie, regrette que le poëte
n'ait pas, dans l'intérêt de la vérité dramatique, mieux caractérisé
ce signe dont il est ici parlé.

1. Sich entgegen sehnen,
se transporter par le désir vers
une personne ou un lieu.

2. Wo... lispelt, où le
deuil soupire quelquefois encore
en silence le nom d'Iphigénie.

3. Von Säule zu Säu-
len, de colonne en colonne.
Goethe met le premier nom, au
singulier, et le second au pluriel,
parce que les guirlandes partant de
la première colonne sont enlacées
autour de toutes celles qui suivent. — C'était une coutume chez
les Grecs d'orner de fleurs leur
maison, à la naissance d'un enfant. Dans la tragédie en prose
ce passage est beaucoup moins
beau: Soll ich nicht meinen Vater
und meine Mutter gerne wieder
sehen, die mich als todt beweinen,
und in den alten Hallen von My-
cene meine Geschwister! Daß, wenn
du mich dorthin auf leichten
Schiffen senden wolltest, du mir
ein neu und doppelt Leben ga-
best! « Ne dois-je pas aimer à revoir mon père et ma mère, qui
pleurent ma mort, à revoir ma
sœur et mon frère dans le vieux
palais de Mycène! Ah, si tu vou-
lais m'y envoyer sur tes vaisseux,
tu me rendrais une vie nouvelle
pour la seconde fois. »

4. Allen, à tous, c'est-à-
dire à tous les miens.

Thoas.

So kehr' zurück! Thu', was dein Herz dich heißt,
Und höre nicht die Stimme gutes Raths
Und der Vernunft! Sei ganz ein Weib¹ und gieb   465
Dich hin dem Triebe, der dich zügellos
Ergreift und dahin oder dorthin reißt!
Wenn ihnen eine Lust im Busen brennt,
Hält vom Verräther sie kein heilig Band,
Der sie dem Vater oder dem Gemahl   470
Aus langbewährten, treuen Armen lockt;
Und schweigt in ihrer Brust die rasche Gluth,
So dringt auf sie vergebens treu und mächtig
Der Ueberredung goldne Zunge los.

Iphigenie.

Gedenk', o König, deines edeln Wortes!   475
Willst du mein Zutrau'n so erwiedern? Du
Schienst vorbereitet, alles zu vernehmen.

Thoas.

Auf's Ungehoffte war ich nicht bereitet:
Doch sollt' ich's auch erwarten; wußt' ich nicht,
Daß ich mit einem Weibe handeln ging?   480

Iphigenie.

Schilt nicht, o König, unser arm Geschlecht!
Nicht herrlich wie die euern, aber nicht
Unedel sind die Waffen eines Weibes.
Glaub' es, darin bin ich dir vorzuziehn,

---

1. Sei ganz ein Weib. Weber explique ainsi ce passage: Thoas will sagen: Wenn man die Leidenschaft des Weibes gewonnen hat, so hat man alles bei ihm gewonnen; wo diese nicht im Spiele ist, lassen sie sich auch nicht lenken. Wenn strafbare Lust ihren Busen durchglüht, so hält sie kein heilig Band zurück, sich einem schändlichen Verführer in die Arme zu stürzen; spricht aber ihre Leidenschaft bei einem Plane nicht mit, so ist auch alle Ueberredung vergeblich.

3

Daß ich dein Glück mehr als du selber kenne.   485
Du wähnest, unbekannt mit dir und mir,
Ein näher Band werd' uns zum Glück vereinen';
Voll gutes Muthes, wie voll gutes Willens,
Dringst du in mich, daß ich mich fügen soll;
Und hier dank' ich den Göttern, daß sie mir   490
Die Festigkeit gegeben, dieses Bündniß
Nicht einzugehen, das sie nicht gebilligt.

Thoas.

Es spricht kein Gott; es spricht dein eigen Herz.

Iphigenie.

Sie reden nur durch unser Herz zu uns.

Thoas.

Und hab' ich sie zu hören nicht das Recht?   495

Iphigenie.

So überbraus't² der Sturm die zarte Stimme.

Thoas.

Die Priesterin vernimmt sie wohl allein?

Iphigenie.

Vor allen andern merke sie der Fürst!

Thoas.

Dein heilig Amt und rein geerbtes Recht³   500
An Jovis Tisch bringt dich den Göttern näher,
Als einen erdgebornen Wilden.

Iphigenie.

So
Büß' ich nun das Vertrau'n, das du erzwangst.

---

1. Werde.... vereinen. C'est le futur du subjonctif, qui n'a pas de temps correspondant dans le verbe français.
2. So überbraus't ꝛc. Uebertra-

nien, couvrir de son bruit, figure tirée du mugissement des vagues soulevées.
3. Geerbtes Recht. Cruelle allusion à Tantale.

Thoas.

Ich bin ein Mensch; und besser ist's, wir enden.
So bleibe denn mein Wort: Sei Priesterin
Der Göttin, wie sie dich erkoren hat;   505
Doch mir verzeih' Diane, daß ich ihr
Bißher, mit Unrecht und mit innerm Vorwurf,
Die alten Opfer vorenthalten habe.
Kein Fremder nahet glücklich unserm Ufer;
Von Alters her ist ihm der Tod gewiß.   510
Nur du hast mich mit einer Freundlichkeit,
In der ich bald der zarten Tochter Liebe,
Bald stille Neigung einer Braut zu sehn
Mich tief erfreute, wie mit Zauberbanden
Gefesselt, daß ich meiner Pflicht vergaß.   515
Du hattest mir die Sinnen eingewiegt;
Das Murren meines Volks vernahm ich nicht;
Nun rufen sie die Schuld von meines Sohnes
Frühzeit'gem Tode lauter über mich[1].
Um deinetwillen halt' ich länger nicht   520
Die Menge, die das Opfer dringend fordert.

Iphigenie.

Um meinetwillen hab' ich's nie begehrt.
Der mißversteht[2] die Himmlischen, der sie
Blutgierig wähnt; er dichtet ihnen nur
Die eignen grausamen Begierden an.   525

1. Nun rufen sie... über mich, maintenant ils appellent sur moi la faute: ils sont pesés sur moi la mort prématurée de mon fils, c'est-à-dire ils accusent Thoas d'avoir supprimé les sacrifices humains sur l'autel de Diane; et celle-ci, pour se venger, a fait périr le fils du roi.

2. Der mißversteht, celui la connaît mal les dieux qui etc. Racine dit: « Les dieux ordonneraient un meurtre abominable! » (Iphigénie, acte III, sc. 5.) — Et dans la même scène: « Le ciel, le juste ciel, par le meurtre honoré. Du sang de l'innocence est-il donc altéré? »

Entzog die Göttin mich nicht selbst dem Priester?
Ihr war mein Dienst willkommner, als mein Tod.

Thoas.

Es ziemt sich nicht für uns, den heiligen
Gebrauch[1] mit leichtbeweglicher Vernunft[2]   530
Nach unserm Sinn zu deuten und zu lenken.
Thu' deine Pflicht, ich werde meine thun.
Zwei Fremde, die wir in des Ufers Höhlen
Versteckt gefunden, und die meinem Lande
Nichts Gutes[3] bringen, sind in meiner Hand.
Mit diesen nehme deine Göttin wieder   535
Ihr erstes, rechtes, lang entbehrtes Opfer!
Ich sende sie hierher; du weißt den Dienst.

Vierter Auftritt.

Iphigenie (allein).

Du hast[4] Wolken, gnädige Retterin,
Einzuhüllen unschuldig Verfolgte,
Und auf Winden dem eh'rnen Geschick sie   540
Aus den Armen über das Meer,

---

1. Den heiligen Gebrauch, la coutume sacrée (d'immoler des victimes humaines).

2. Mit leichtbeweglicher Vernunft, avec notre raison si mobile.

3. Nichts Gutes, rien de bon. En effet ces deux etrangers viennent pour enlever l'image sacrée et tutelaire de Diane.

4. Du hast.... Iphigénie en proie à une agitation douloureuse exprime ses violentes émotions en vers lyriques. Ces vers sont formés d'anapestes et de dactyles, quelquefois remplacés par des spondées ou par des trochées. Ce changement de rhythme est très-fréquent chez les poëtes anciens. Chez les modernes, Shakspeare et Schiller en fournissent bien des exemples. Ainsi Schiller dans *Marie Stuart* passe plus d'une fois du vers dramatique au vers lyrique; Eilende Welken, Segler der Lüfte, Wer mit euch wanderte, wer ic. (A. III, sc. 1.)

Ueber der Erde weiteste Strecken,
Und wohin es dir gut dünkt, zu tragen.
Weise bist du und siehest das Künftige;
Nicht vorüber ist dir das Vergangne, 345
Und dein Blick ruht über den Deinen,
Wie dein Licht, das Leben der Nächte[1],
Ueber der Erde ruhet und waltet.
O enthalte vom Blut meine Hände!
Nimmer bringt es Segen und Ruhe; 350
Und die Gestalt des zufällig Ermordeten[2]
Wird auf des traurig-unwilligen Mörders
Böse Stunden lauern und schrecken.
Denn die Unsterblichen lieben der Menschen
Weitverbreitete gute Geschlechter, 355
Und sie fristen das flüchtige Leben
Gerne dem Sterblichen, wollen ihm gerne
Ihres eigenen, ewigen Himmels
Mitgenießendes fröhliches Anschau'n
Eine Weile gönnen und lassen. 360

1. Dein Licht, c'est-à-dire la lune. Artémis ou Diane est aussi la déesse de la lune, elle prend alors le nom de Phœbé. — Das Leben der Nächte... La lune éclaire et anime la nature pendant la nuit, comme le soleil pendant le jour.

2. Des zufällig Ermordeten, de celui qu'on immole par hasard, sans le vouloir, en obéissant à une loi cruelle. Iphigénie fait allusion au terrible ministère de la prêtresse immolant, malgré elle, les victimes humaines.

Zweiter Aufzug.

Erster Auftritt.

Orest. Pylades.

Orest.

Es ist der Weg des Todes, den wir treten:
Mit jedem Schritt wird meine Seele stiller.
Als ich Apollon bat, das gräßliche
Geleit der Rachegeister¹ von der Seite
Mir abzunehmen, schien er Hülf' und Rettung   565
Im Tempel seiner vielgeliebten Schwester,
Die über Tauris herrscht, mit hoffnungsreichen².
Gewissen Götterworten zu versprechen;
Und nun erfüllet sich's, daß alle Noth
Mit meinem Leben völlig enden soll.   570
Wie leicht wird's mir, dem eine Götterhand³

1. Das gräßliche Geleit der Rachegeister, l'affreux cortège des esprits vengeurs, c'est-à-dire les furies qui poursuivent sans relâche Oreste.

2. Mit hoffnungsreichen, ꝛc. Oreste était allé au temple de Delphes supplier Apollon de le délivrer de la poursuite des furies vengeresses. L'oracle lui ordonna de se rendre en Tauride, et d'y enlever la statue de Diane, pour la rapporter à Argos: cette tâche remplie, il devait enfin voir s'éloigner les divinités infernales, et trouver le repos qu'il implorait.

3. Dem eine Götterhand das Herz zusammendruckt, à qui la mort d'un Dieu serre le cœur, c'est-à-dire à qui le châtiment infligé par les dieux ravit le bonheur et le repos de la vie.

Das Herz zusammendrückt, den Sinn betäubt,
Dem schönen Licht der Sonne zu entsagen!
Und sollen Atreus' Enkel in der Schlacht
Ein siegbekröntes Ende nicht¹ gewinnen;   575
Soll ich wie meine Ahnen, wie mein Vater
Als Opferthier im Jammertode bluten:
So sei es! Besser hier vor dem Altar,
Als im verworfnen Winkel, wo die Netze²
Der nahverwandte Meuchelmörder stellt.   580
Laßt mir so lange Ruh', ihr Unterird'schen,
Die nach dem Blut ihr, das, von meinen Tritten
Hernieder träufelnd, meinen Pfad bezeichnet,
Wie losgelaßne Hunde³ spürend hetzt.
Laßt mich! ich komme bald zu euch hinab;   585
Das Licht des Tags soll euch nicht sehn, noch mich.
Der Erde schöner, grüner Teppich soll
Kein Tummelplatz für Larven⁴ sein. Dort unten
Such' ich euch auf: dort bindet alle dann
Ein gleich Geschick in ew'ge matte Nacht.   590
Nur dich, mein Pylades, dich, meiner Schuld
Und meines Banns unschuldigen Genossen,

---

1. Und sollen Atreus' En-
kel.... nicht, et si les petits-fils
d'Atrée ne doivent pas....
2. Die Netze, les filets, allusion au voile dont Clytemnestre
enveloppa Agamemnon, pour
mieux le livrer aux coups d'E-
gisthe.
3. Wie losgelassene Hun-
de, etc. Cette image grandiose
se trouve dans les Euménides
d'Eschyle; chez le poète grec, les
furies sont endormies, et les manes
de Clytemnestre les excitent à la
vengeance; les deesses infernales

se réveillent, et poursuivent de
nouveau le malheureux qui leur
avait echappé; elles retrouvent a
Athenes les traces de leur victime, et s'écrient: «Comme le chien
suit le chevreuil blessé, nous suivons la trace du sang qui dégoutte des pas du criminel.» Puis
elles reclament le sang d'Oreste
pour venger celui qu'il a répan-
du, et dont il porte les marques.
5. Larve signifie littéralement
masque. Ici ce mot désigne les
figures hideuses des furies, pour
les furies elles mêmes.

Wie ungern nehm' ich dich in jenes Trauerland
Frühzeitig mit! Dein Leben oder Tod¹
Giebt mir allein noch Hoffnung oder Furcht.   595

Pylades.

Ich bin noch nicht, Orest, wie du bereit,
In jenes Schattenreich hinabzugehn.
Ich sinne noch, durch die verworr'nen Pfade²,
Die nach der schwarzen Nacht zu führen scheinen,
Uns zu dem Leben wieder aufzuwinden.   600
Ich denke³ nicht den Tod; ich sinn' und horche,
Ob nicht zu irgend einer frohen Flucht
Die Götter Rath und Wege zubereiten.
Der Tod⁴, gefürchtet oder ungefürchtet,
Kommt unaufhaltsam. Wenn die Priesterin   605
Schon, unsre Locken weihend abzuschneiden,
Die Hand erhebt, soll dein' und meine Rettung
Mein einziger Gedanke sein. Erhebe
Von diesem Unmuth deine Seele! zweifelnd
Beschleunigest du die Gefahr. Apoll   610
Gab uns das Wort, im Heiligthum der Schwester

---

1. Dein Leben oder Tod. Lorsqu'il y a deux noms unis par oder, l'allemand peut répéter ou sous-entendre l'adjectif déterminatif, devant le second mot. Dans l'*Oreste* de Voltaire, Pylade dit à Oreste: «J'ignore en quels climats nous jette la tempête. Mais de notre destin pourquoi désespérer? Tu vis, il me suffit, tout doit me rassurer.» (Acte II, sc. 4.)

2. Die verworr nen Pfade, les sentiers obscurs, c'est-à-dire les mille routes qui conduisent à la nuit éternelle.

3. Denken, suivi d'un régime direct, appartient au style poétique. Den Tod denken ne signifie pas, à vrai dire, penser à la mort, mais plutôt s'occuper de la mort.

4. Der Tod. Cette pensée a été bien souvent exprimée par les poètes de toutes les époques. Schiller, dans la *Fiancée de Messine*, l'appelle le douloureux message que le sort apporte tour à tour, devant chaque seuil on le bâtit un manteau: Die unwillkommte. Schmerzliche Botschaft, Kraben oder Krater. Bestellt es an jeder Schwelle, wo ein Lebendiger wohnt.

Sei Trost und Hülf' und Rückkehr dir bereitet.
Der Götter Worte sind nicht doppelsinnig,
Wie der Gedrückte sie im Unmuth wähnt.

Orest.

Des Lebens dunkle Decke breitete   613
Die Mutter schon mir um das zarte Haupt[1],
Und so wuchs ich herauf, ein Ebenbild
Des Vaters, und es war mein stummer Blick
Ein bittrer Vorwurf ihr und ihrem Buhlen.
Wie oft, wenn still Elektra, meine Schwester,   620
Am Feuer in der tiefen Halle saß,
Drängt' ich beklommen mich an ihren Schooß,
Und starrte, wie sie bitter weinte, sie
Mit großen Augen an! Dann sagte sie
Von unserm hohen Vater viel: wie sehr   625
Verlangt' ich ihn zu sehn, bei ihm zu sein!
Mich wünscht' ich bald nach Troja, ihn bald her.
Es kam der Tag —

Pylades.

O laß von jener Stunde
Sich Höllengeister nächtlich unterhalten!
Uns gebe[2] die Erinn'rung schöner Zeit   630
Zu frischem Heldenlaufe neue Kraft!
Die Götter brauchen manchen guten Mann

---

1. Des Lebens dunkle.... das zarte Haupt, ma mère étendit déjà le sombre voile de la vie autour de ma jeune tête. Voltaire fait dire à Electre : « Ce jour faible et tremblant qui consolait ma vue, Laisse une horrible nuit sur mes yeux répandue: Ah! la vie est pour nous un cercle de douleur! » (Oreste, acte III, sc. 4.)

2. Uns gebe, etc. que le souvenir d'un temps plus beau nous donne de nouvelles forces pour une nouvelle carrière héroïque. Les dieux réclament le ministère de maint homme de bien pour leur service sur cette terre.

Zu ihrem Dienst auf dieser weiten Erde;
Sie haben noch auf dich gezählt; sie gaben
Dich nicht dem Vater[1] zum Geleite mit,   635
Da er unwillig nach dem Orcus[2] ging.

Orest.

O wär' ich, seinen Saum ergreifend, ihm
Gefolgt!

Pylades.

So haben die, die dich erhielten,
Für mich gesorgt: denn was ich worden wäre,
Wenn du nicht lebtest, kann ich mir nicht denken,   640
Da ich mit dir und deinetwillen nur
Seit meiner Kindheit leb' und leben mag.

Orest.

Erinn're mich nicht jener schönen Tage[3],
Da mir dein Haus[4] die freie Stätte gab,
Dein edler Vater klug und liebevoll   645
Die halberstarrte[5] junge Blüthe pflegte ;
Da du, ein immer munterer Geselle,

---

1. Dem Vater, c'est-à-dire
Agamemnon.

2. Orcus ou Pluton est aussi le
nom d'un fleuve de l'enfer.

3. Jener schönen Tage ou
an jene schönen Tage. Le verbe er-
innern gouverne le génitif sans
préposition, ou l'accusatif avec la
préposition an.

4. Dein Haus. Après la mort
d'Agamemnon, Électre envoya
Oreste en Phocide chez Strophius, qui avait épousé Astyoche,
la sœur d'Agamemnon Pylade,
le fils de Strophius, se lia avec le
nouveau venu d'une étroite amitié.

5. Die halberstarrte, etc.
Cette jeune plante morte à moitié,
ce brillant papillon, qui voltige
sans cesse autour d'une sombre
fleur, et sans cesse la rend à la vie,
sont des images aussi fortes que
gracieuses. Voici le même passage
de l'Iphigénie en prose : Erinnere
mich nicht jener Tage.... da keine
Eltern in mir, aus Liebe mehr als aus
Verwandtschaft, die halberstarrte
junge Blüthe pflegten, die du, leicht-
munter Geselle, gleich einem bunten
Schmetterling um eine dunkle
Blume, immer quellend von gutem
Muth und Freude, um mich an jeden
Tag mit neuer Thorheit gaukeltest.

Gleich einem leichten, bunten Schmetterling
Um eine dunkle Blume jeden Tag
Um mich mit neuem Leben gaukeltest,   610
Mir deine Lust in meine Seele spieltest,
Daß ich, vergessend¹ meiner Noth, mit dir
In rascher Jugend hingerissen schwärmte.

Pylades.

Da fing mein Leben an, als ich dich liebte.

Orest.

Sag': meine Noth begann, und du sprichst wahr.   655
Das ist² das Aengstliche von meinem Schicksal,
Daß ich, wie ein verpesteter Vertriebner,
Geheimen Schmerz und Tod im Busen trage;
Daß, wo ich den gesund'sten Ort betrete,
Gar bald um mich die blühenden Gesichter   660
Den Schmerzenszug langsamen Tods verrathen³.

Pylades.

Der Nächste⁴ wär' ich, diesen Tod zu sterben,
Wenn je dein Hauch, Orest, vergiftete.
Bin ich nicht immer noch voll Muth und Lust?
Und Lust und Liebe sind die Fittige   665
Zu großen Thaten.

Orest.

Große Thaten? Ja,
Ich weiß die Zeit, da wir sie vor uns sahn,
Wenn wir zusammen oft dem Wilde nach⁵

---

1. Vergessen régit ordinairement l'accusatif, le génitif se rencontre dans le style relevé.
2. Das ist..., ce qui met le
comble a ma destinée (a ma misère), c'est que.

3. Verrathen, trahir, réve-
ler.
4. Der Nächste, le plus pro-
chain, le premier.
5. Nach peut être ici regardé
comme une préposition ou comme

Durch Berg und Thäler rannten, und vereinst
An Brust und Faust¹ dem hohen Ahnherrn gleich   610
Mit Keul' und Schwert dem Ungeheuer so,
Dem Räuber auf der Spur zu jagen² hofften;
Und dann wir Abends an der weiten See
Uns an einander lehnend ruhig saßen,
Die Wellen bis zu unsern Füßen spielten,   615
Die Welt so weit, so offen vor uns lag:
Da fuhr wohl einer manchmal nach dem Schwert,
Und künft'ge Thaten drangen wie die Sterne
Rings um uns her unzählig aus der Nacht.

Pylades.

Unendlich ist das Werk, das zu vollführen   620
Die Seele dringt. Wir möchten³ jede That
So groß gleich thun, als wie sie wächs't und wird,
Wenn Jahre lang durch Länder und Geschlechter
Der Mund der Dichter sie vermehrend wälzt.

---

une particule appartenant au verbe rannten, dans les deux cas nous avons toujours l'idée de poursuivre, de chasser.

1. Brust und Faust, poitrine et poing, c'est-à-dire le courage et la force.

2. Auf der Spur jagen exprime la même idée que nachrennen, que nous avons rencontré un peu plus haut. Racine dans Phèdre dit aussi : « Tu me contais alors l'histoire de mon père. Tu sais combien mon âme, attentive à ta voix, S'échauffait au récit de ses nobles exploits. Quand tu me dépeignais ce héros intrépide Consolant les mortels de l'absence d'Alcide, Les monstres étouffés, et les brigands punis, Procuste, Cercyon, et Sciron, et Sinis, Et les os dispersés du géant d'Épidaure, Et la Crète fumant du sang du Minotaure. »(Act. I, sc. 1.)

3. Wir möchten.... wälzt, littéralement : Nous voudrions sur-le-champ rendre chaque action (que nous faisons) aussi grande qu'elle croît et devient, quand pendant les longues années la bouche des poètes l'augmente en la roulant (en la faisant passer; à travers les pays et les générations, c'est-à-dire nous voudrions que nos exploits fussent soudainement aussi éclatants qu'ils le deviendront un jour, quand la bouche des poètes les aura célébrés à travers les âges et les générations qui se succèdent.

Es klingt so schön, was unsre Väter thaten,   685
Wenn es in stillen Abendschatten ruhend
Der Jüngling mit dem Ton der Harfe schlürft;
Und was wir thun, ist, wie es ihnen war,
Voll Müh' und eitel Stückwerk¹!

So laufen wir nach dem, was vor uns flieht,   690
Und achten nicht des Weges, den wir treten,
Und sehen² neben uns der Ahnherrn Tritte
Und ihres Erdelebens Spuren kaum.

Wir eilen immer ihrem Schatten³ nach,
Der göttergleich in einer weiten Ferne   795
Der Berge Haupt auf goldnen Wolken krönt.
Ich halte nichts⁴ von dem, der von sich denkt,
Wie ihn das Volk vielleicht erheben möchte.
Allein, o Jüngling, danke du den Göttern,
Daß sie so früh durch dich so viel gethan!   700

Orest.

Wenn sie dem Menschen frohe That bescheren,
Daß er ein Unheil von den Seinen wendet,
Daß er sein Reich vermehrt, die Grenzen sichert,
Und alte Feinde fallen oder fliehn:
Dann mag er danken; denn ihm hat ein Gott   705

---

1. Wie... Stückwerk, comme cela était pour eux, (comme leur semblait ce qu'ils faisaient eux-mêmes), rempli de peine; une œuvre morcelée.

2. Und sehen, nous ne voyons plus les traces de la vie terrestre de nos aïeux, c'est-à-dire, nous ne voyons que l'ensemble de leurs grandes actions, sans apercevoir les travaux nombreux, les peines infinies qu'elles ont coûtés.

3. Ihrem Schatten, nous courons après leur ombre, c'est-à-dire, nous cherchons à imiter l'impossible, le surnaturel que nous voyons, ou plutôt que nous croyons voir dans les récits merveilleux des actions de nos ancêtres.

4. Ich halte nichts, etc., je n'estime point celui qui ne songe qu'aux applaudissements de la foule, aux vains honneurs qu'on pourra lui décerner.

Des Lebens erste, letzte Luft gegönnt.
Mich haben sie zum Schlächter [1] auserkoren,
Zum Mörder meiner doch verehrten Mutter,
Und, eine Schandthat schändlich rächend, mich
Durch ihren Wink [2] zu Grund gerichtet. Glaube,   710
Sie haben es auf Tantal's Haus gerichtet [3].
Und ich, der Lezte [4], soll nicht schuldlos, soll
Nicht ehrenvoll vergehn.

Pylades.

Die Götter rächen
Der Väter Missethat nicht an dem Sohn;
Ein jeglicher, gut oder böse, nimmt   715
Sich seinen Lohn mit seiner That hinweg.
Es erbt der Eltern Segen, nicht ihr Fluch.

Orest.

Uns führt ihr Segen, dünkt mich, nicht hierher.

Pylades.

Doch wenigstens der hohen Götter Wille.

Orest.

So ist's ihr Wille denn, der uns verderbt.   720

---

1. Schlächter, littéralement immoleur, sacrificateur; mot énergique, terrible. Oreste, en proie aux remords, éprouve une cruelle satisfaction a employer les mots les plus durs pour peindre son parricide. Son action est rendue plus sensible chez les poètes tragiques de la Grèce, qui, dans leurs drames, ne craignent pas de faire entendre les cris de Clytemnestre immolée par son fils, et demandant grâce, en lui rappelant que le sein qu'il va percer a donné a son enfance la douce nourriture du lait.

2. Wink, signe de la main ou de la tête a ici l'acception de volonté.

3. Sie haben es auf Tantals Haus gerichtet, ils poursuivent (ils ont juré la ruine de) la race de Tantale.

4. Ich, der Lezte, moi, le dernier. Phèdre dans Racine s'écrie : « De ce sang déplorable Je puis la dernière et la plus misérable. » (Phèdre, acte I, sc. 3.)

Pylades.

Thu', was sie dir gebieten, und erwarte!
Bringst du die Schwester¹ zu Apollon hin,
Und wohnen beide dann vereint zu Delphi,
Verehrt von einem Volk, das edel denkt;
So wird für diese That das hohe Paar   125
Dir gnädig seyn, sie werden aus der Hand
Der Unterird'schen dich erretten. Schon
In diesen heil'gen Hain wagt keine sich.

Orest.

So hab' ich wenigstens geruh'gen Tod.

Pylades.

Ganz anders denk' ich, und nicht ungeschickt   730
Hab' ich das schon Gescheh'ne mit dem Künft'gen
Verbunden und im Stillen ausgelegt.
Vielleicht reift in der Götter Rath schon lange
Das große Werk. Diane sehnet sich²
Von diesem rauhen Ufer der Barbaren   735
Und ihrem blut'gen Menschenopfer weg.
Wir waren zu der schönen That bestimmt,
Uns wird sie auferlegt, und seltsam³ sind
Wir an der Pforte schon gezwungen hier.

Orest.

Mit seltner Kunst flichtst⁴ du der Götter Rath   740
Und deine Wünsche klug in Eins zusammen.

---

1. Die Schwester, la sœur (d'Apollon), Diane. La réponse de l'oracle est équivoque, et nous verrons qu'il s'agit de la sœur d'Oreste, d'Iphigénie.

2. Sich wegsehnen, aspirer a s'éloigner. Dans la prose: Diana sehnt sich lange von diesem

Ufer der Barbaren, die Menschenblut ein jungfräuliches Opfer wähnet.

3. Uns seltsam, et étrangement (chose merveilleuse). En prose: Und seltsam sind wir bis an die Pforte schon geführt.

4. Du flichtst, tu lais un tissu.

Pylades.

Was ist des Menschen Klugheit, wenn sie nicht
Auf jener Willen droben achtend lauscht?
Zu einer schweren That beruft ein Gott
Den edlen Mann, der viel verbrach, und legt   745
Ihm auf, was uns unmöglich scheint, zu enden.
Es siegt der Held, und büßend dient er
Den Göttern und der Welt, die ihn verehrt.

Orest.

Bin ich bestimmt zu leben und zu handeln,
So nehm' ein Gott von meiner schweren Stirn   750
Den Schwindel weg, der auf dem schlüpfrigen,
Mit Mutterblut besprengten Pfade fort
Mich zu den Todten reißt, er trockne gnädig
Die Quelle[1], die, mir aus der Mutter Wunden
Entgegen sprudelnd, ewig mich befleckt!   755

Pylades.

Erwart' es ruhiger! Du mehrst das Uebel
Und nimmst das Amt der Furien auf dich.
Laß mich nur sinnen, bleibe still! Zuletzt
Bedarf's zur That vereinter Kräfte, dann
Ruf' ich dich auf, und beide schreiten wir   760
Mit überlegter Kühnheit zur Vollendung.

Orest.

Ich hör' Ulyssen reden.

Pylades.

                    Spotte nicht!
Ein jeglicher muß seinen Helden wählen,
Dem er die Wege zum Olymp hinauf

---

1. Die Quelle. etc. Ce sang | image sensible des longs remords
que rien ne peut effacer, est une | que le crime traine après soi.

Sich nacharbeitet. Laß es mich gestehn,   765
Wir scheinen List und Klugheit nicht den Mann
Zu schänden, der sich kühnen Thaten weiht.

Orest.
Ich schätze den, der tapfer ist und g'rad.

Pylades.
Drum hab' ich keinen Rath von dir verlangt.
Schon ist ein Schritt gethan. Von unsern Wächtern 770
Hab' ich bisher gar vieles ausgelockt.
Ich weiß, ein fremdes, göttergleiches Weib
Hält jenes blutige Gesetz gefesselt;
Ein reines Herz und Weihrauch und Gebet
Bringt sie den Göttern dar. Man rühmet hoch   775
Die Gütige; man glaubet, sie entspringe
Vom Stamm der Amazonen[1], sei gefloh'n,
Um einem großen Unheil zu entgehn.

Orest.
Es scheint, ihr lichtes Reich verlor die Kraft
Durch des Verbrechers Nähe, den der Fluch   780
Wie eine breite Nacht verfolgt und deckt.
Die fromme Blutgier löft den alten Brauch
Von seinen Fesseln los, uns zu verderben.
Der wilde Sinn des Königs tödtet uns;
Ein Weib wird uns nicht retten, wenn er zürnt,   785

Pylades.
Wohl uns, daß es ein Weib ist! denn ein Mann,
Der beste selbst, gewöhnet seinen Geist
An Grausamkeit und macht sich auch zuletzt

---

1. Amazonen. Les Amazones, selon les récits fabuleux, habitaient non loin de la Tauride. Ce voisinage donne de la vraisem- blance au dire de Pylade. Le grand malheur auquel, dit-on, elle échappa par la suite, la rendit plus sensible aux malheurs d'autrui.

4

Aus dem, was er verabscheut, ein Gesetz,
Wird aus Gewohnheit hart und fast unkenntlich.   740
Allein ein Weib¹ bleibt stät auf Einem Sinn,
Den sie gefaßt. Du rechnest sicherer
Auf sie im Guten wie im Bösen. — Still!
Sie kommt; laß uns allein! Ich darf nicht gleich
Ihr unsre Namen nennen, unser Schicksal   745
Nicht ohne Rückhalt ihr vertrau'n. Du gehst,
Und eh sie mit dir spricht, treff' ich dich noch.

Zweiter Auftritt.

Iphigenie Pylades.

Iphigenie.

Woher du seist und kommst, o Fremdling, sprich!
Mir scheint es, daß ich eher einem Griechen
Als einem Scythen dich vergleichen soll.   800

(Sie nimmt ihm die Ketten ab.)

Gefährlich ist die Freiheit, die ich gebe;
Die Götter wenden ab, was euch bedroht²!

Pylades.

O süße Stimme! Vielwillkommner Ton
Der Muttersprach' in einem fremden Lande!

---

1. Allein ein Weib.... Cette pensée, Gœthe l'a exprimée en beaux vers dans *Hermann et Dorothée*: ....Die Männer sind berückt und denken nur immer das Letzte. Und ein Jeder schiebt die Schuld ein leicht aus dem Wege; Aber ein Weib ist geschickt, auf Mittel zu denken und wandelt auch den Umweg, geschickt zu ihrem Zweck zu gelangen.

2. Die Götter wenden ab, was euch bedroht! que les Dieux détournent de vous le malheur qui vous menace. C'est le vers de Virgile : « Di prohibete minas; di talem avertite casum. »

Des väterlichen Hafens blaue Berge   805
Seh' ich Gefangner neu willkommen wieder
Vor meinen Augen. Laß dir diese Freude
Versichern, daß auch ich ein Grieche bin!
Vergessen hab' ich einen Augenblick,
Wie sehr ich dein bedarf [1], und meinen Geist   810
Der herrlichen Erscheinung zugewendet.
O sage, wenn dir ein Verhängniß nicht
Die Lippe schließt [2], aus welchem unsrer Stämme
Du deine göttergleiche Herkunft zählst.

Iphigenie.

Die Priesterin, von ihrer Göttin selbst   815
Gewählet und geheiligt, spricht mit dir.
Das laß dir g'nügen; sage, wer du seist [3]
Und welch unselig waltendes Geschick
Mit dem Gefährten dich hierher gebracht.

Pylades.

Leicht kann ich dir erzählen, welch ein Uebel   820
Mit lastender Gesellschaft uns verfolgt.
O könntest du der Hoffnung frohen Blick
Uns auch so leicht, du Göttliche, gewähren!
Aus Kreta [4] sind wir, Söhne des Adrast:
Ich bin der jüngste, Cephalus genannt,   825

---

1. **Bedarf.** Bedürfen est un des rares verbes de la langue qui gouvernent à la fois l'accusatif et le génitif; ce dernier cas n'appartient d'ordinaire qu'au style relevé, et donne peut-être plus d'energie à l'expression.

2. **Die Lippe schließt.** Plus haut Iphigénie a dit: Vom alten Bande löset ungern sich die Zunge.

3. **Seist** est au subjonctif parce qu'il y a doute pour la personne qui parle.

4. **Kreta.** Il est à remarquer que Pylade, qui dissimule, se fait passer pour Crétois; les Crétois, on le sait, n'étaient pas tenus chez les anciens pour un peuple ami de la vérité. Quelques critiques, comme Hermann, ont blâmé cette invention de Pylade, comme un subterfuge peu digne de la tragédie

Und er Laodamas, der älteste

Des Hauses. Zwischen uns stand rauh und wild

Ein mittlerer¹, und trennte schon im Spiel

Der ersten Jugend Einigkeit und Lust.

Gelassen folgten wir der Mutter Worten,   830

So lang des Vaters Kraft² vor Troja stritt;

Doch als er beutereich³ zurücke kam

Und kurz darauf verschied, da trennte bald

Der Streit⁴ um Reich und Erbe die Geschwister.

Ich neigte mich⁵ zum ält'sten. Er erschlug   835

Den Bruder. Um der Blutschuld willen treibt

Die Furie gewaltig ihn umher.

Doch diesem wilden Ufer sendet uns

Apoll, der Delphische, mit Hoffnung zu.

Im Tempel seiner Schwester hieß er uns   840

Der Hülfe segensvolle Hand erwarten.

Gefangen sind wir und hierher gebracht,

Und dir als Opfer dargestellt. Du weißt's.

---

1. Ein mittlerer. Ce mot est-il un comparatif, comme der mittelste est le superlatif d'un adjectif inusité mittel; ou bien est-ce la forme Mutter qu'on emploie, par anomalie, adjectivement? Les grammairiens ne sont pas d'accord.

2. Des Vaters Kraft, la force du père, pour notre puissant père. Dans Hermann et Dorothée Gœthe dit : Die rasche Kraft der leicht hinziehenden Biere.

3. Beutereich. Avec un riche butin. Ce tour poétique qui consiste à former l'épithète par un nom abstrait précédé d'un adjectif, se rencontre plus souvent chez les poëtes anciens que chez les modernes, Homère surtout en fournit de nombreux exemples. Ces mots composés se forment en allemand aussi facilement qu'en grec ; ainsi l'on pourrait citer une longue suite de mots formés, comme beutereich, d'un nom suivi d'un adjectif.

4. Den Streit um. Après le substantif Streit on emploie um, parce qu'on se sert de cette même préposition après le verbe streiten.

5. Ich neigte mich, je m'inclinai, c'est-à-dire, je me joignis à, ou j'embrassai le parti de... Neigen dans ce sens est poétique.

Iphigenie.

Fiel Troja? Theurer Mann, versichr' es mir!

Pylades.

Es liegt. O sichre du uns Rettung zu!
Beschleunige die Hülfe, die ein Gott
Versprach! Erbarme meines Bruders dich!
O sag' ihm bald ein gutes, holdes Wort!
Doch schone seiner, wenn du mit ihm sprichst,
Das bitt' ich eifrig: denn es wird gar leicht   850
Durch Freud' und Schmerz und durch Erinnerung
Sein Innerstes ergriffen und zerrüttet.
Ein fieberhafter Wahnsinn fällt ihn an,
Und seine schöne freie Seele wird
Den Furien zum Raube hingegeben.   855

Iphigenie.

So groß dein Unglück ist, beschwör' ich dich,
Vergiß es, bis du mir genug gethan.

Pylades.

Die hohe Stadt, die zehen lange Jahre
Dem ganzen Heer der Griechen widerstand,
Liegt nun im Schutte, steigt nicht wieder auf.   860
Doch manche Gräber unsrer Besten heißen
Uns an das Ufer der Barbaren denken.
Achill liegt dort mit seinem schönen Freunde.

Iphigenie.

So seyd ihr Götterbilder auch zu Staub!

Pylades.

Auch Palamedes[1], Ajar Telamon's,   865

---

1. **Palamedes.** Palaméde tomba victime de la haine d'Ulysse. Celui-ci, pour ne pas aller au siège de Troie, simula la folie; Palaméde découvrit sa ruse, et l'obligea à se rendre devant Troie.

Sie sah'n des Vaterlandes Tag nicht wieder.

Iphigenie (für sich).

Er schweigt von meinem Vater, nennt ihn nicht
Mit den Erschlagnen. Ja! er lebt mir noch!
Ich werd' ihn sehn! o hoffe, liebes Herz!

Pylades.

Doch selig sind¹ die Tausende, die starben   375
Den bittersüßen Tod² von Feindeshand!
Denn wüste Schrecken und ein traurig Ende
Hat den Rückkehrenden³ statt des Triumphs
Ein feindlich aufgebrachter Gott bereitet.
Kommt denn der Menschen Stimme nicht zu euch?   380
So weit sie reicht, trägt sie den Ruf umher
Von unerhörten Thaten, die geschah'n.
So ist der Jammer, der Mycenens Hallen
Mit immer wiederholten Seufzern füllt,
Dir ein Geheimniß? — Klytämnestra hat   385
Mit Hülf' Aegisthens den Gemahl berückt⁴,
Am Tage seiner Rückkehr ihn ermordet! —
Ja, du verehrest dieses Königshaus!

---

1. **Doch selig sind.** Schiller
dans le petit poème das Siegesfest
dit¹ wie glücklich sind sie Todten.

2. **Den bittersten Tod**,
une mort douce et amère; Schiller dit: Schmerzlich süßer Erinnerung voll. (Marie Stuart, acte III.
sc. 3.)

8. **Den Rückkehrenden**, a
ceux qui retournerent. Les malheurs qui fondirent sur tant de
héros à leur retour de la guerre
de Troie, ont fourni une suite de
sujets dramatiques. Leur mort obscure ou violente fait penser naturellement à la mort glorieuse de
ceux qui tombèrent sous les murs
d'Ilion. Schiller, dans son poème
intitulé Siegesfest, exprime la
même pensée: Alle nicht die wiederkehren. Mögen sich des Heimzugs
freun An den häuslichen Altaren
Kann der Mord bereitet sein.

4. **Berücken**, tromper, prendre dans un piège, dans un filet,
est ici le mot propre: les poètes
grecs rapportent que le vêtement,
dont Clytemnestre couvrit perfidement son époux était un voile,
dans lequel Agamemnon fut pris,
comme un poisson dans un filet.
Eschyle dit textuellement qu'Aga-

Ich seh' es, deine Brust bekämpft vergebens
Das unerwartet ungeheure Wort.   440
Bist du die Tochter eines Freundes? bist
Du nachbarlich in dieser Stadt geboren?
Verbirg es nicht und rechne mir's nicht zu,
Daß ich der erste diese Gräuel melde.

Iphigenie.

Sag' an, wie ward die schwere That¹ vollbracht?   490

Pylades.

Am Tage seiner Ankunft, da der König²,
Vom Bad erquickt und ruhig, sein Gewand,
Aus der Gemahlin Hand verlangend, stieg,
Warf die Verderbliche ein faltenreich
Und künstlich sich verwirrendes Gewebe³   495
Ihm auf die Schultern, um das edle Haupt;
Und da er wie von einem Netze sich
Vergebens zu entwickeln strebte, schlug
Aegisth ihn, der Verräther, und verhüllt⁴

memmen fut pris comme un poisson dans le filet.

1. Die schwere That, le
grave attentat. Le mot schwer signifie lourd, pesant, grave; il
se dit donc au propre et au
figuré. — Ainsi Racine a employé
pesant : « Le crime d'une mère
est un pesant fardeau. » (Phèdre,
acte III, sc. 3).

2. Da der König... stieg,
lorsque le roi sortit du bain. Ces
circonstances augmentent encore
l'horreur du crime.

3. Ein faltenreich und
künstlich sich verwirrendes
Gewebe, un tissu riche en plis et
s'embarrassant artificiellement,
c'est-à-dire un tissu au plis nom-

breux, qui s'embarrassaient l'un
dans l'autre par un art perfide.
Voltaire l'appelle un vêtement de
mort et de piège.

4. Verhüllt, voilé, envelop-
pé. Le poète fait-il allusion au
célèbre tableau d'Iphigénie où
Agamemnon est représenté le vi-
sage voilé? ou bien le mot verhüllt
est-il employé comme adverbe
dans le sens de obscurément, sans
gloire. Si cette dernière interpréta-
tion est la bonne, Gœthe oppose-
rait cette mort mystérieuse et cri-
minelle, a la mort glorieuse des
héros tombés devant Troie. Le
secret dont on entoure la mort;
cet enterrement clandestin, auquel pas un étranger n'est con-

Ging zu den Todten dieser große Fürst.   900

Iphigenie.

Und welchen Lohn erhielt der Mitverschwor'ne?

Pylades.

Ein Reich und Bette, das er schon besaß.

Iphigenie.

So trieb zur Schandthat eine böse Lust?

Pylades.

Und einer alten Rache tief Gefühl.

Iphigenie.

Und wie beleidigte der König sie?   905

Pylades.

Mit schwerer That, die, wenn Entschuldigung
Des Mordes wäre, sie entschuldigte.
Nach Aulis lockt' er sie und brachte dort,
Als eine Gottheit sich der Griechen Fahrt
Mit ungestümen Winden widersetzte,   910
Die ält'ste Tochter, Iphigenien,
Vor den Altar Dianens, und sie fiel
Ein blutig Opfer für der Griechen Heil.
Dieß, sagt man, hat ihr einen Widerwillen
So tief in's Herz geprägt, daß sie dem Werben   915
Aegisthens sich ergab und den Gemahl
Mit Netzen des Verderbens selbst umschlang.

Iphigenie (sich verhüllend)

Es ist genug! Du wirst mich wiedersehn.

Pylades (allein).

Von dem Geschick des Königshauses scheint

---

vié, sont les premiers indices du crime. Ainsi Electre dans les *Choéphores* s'écrie : « Malheur, malheur, ô mère impitoyable, épouse sans frein, qui porta dans la tombe son maître et son époux sans cortége de citoyens, » etc.

Sie tief gerührt. Wer sie auch immer sei,   920
So hat sie selbst den König wohl gekannt,
Und ist, zu unserm Glück, aus hohem Hause
Hierher verkauft. Nur stille¹, liebes Herz,
Und laß dem Stern der Hoffnung, der uns blinkt,
Mit frohem Muth uns klug entgegensteuern!   925

---

1. **Nur stille, etc.** Pylade représente ici, comme chez les tragiques anciens et modernes, l'amitié active, intelligente, le dévouement que rien ne rebute, et qui, pour atteindre à son but, sait mettre à profit toutes les circonstances que la fortune lui présente, ou que sa prudence fait naître.

Dritter Aufzug.

Erster Auftritt.

Iphigenie. Orest.

Iphigenie.

Unglücklicher, ich löse deine Bande
Zum Zeichen eines schmerzlichern Geschicks.
Die Freiheit, die das Heiligthum gewährt,
Ist, wie der letzte lichte Lebensblick [2]
Des schwer Erkrankten, Todesbote. Noch
Kann ich es mir und darf es mir nicht sagen,
Daß ihr verloren seid! Wie könnt' ich euch
Mit mörderischer Hand dem Tode weihen?
Und niemand, wer es sei, darf euer Haupt,
So lang ich Priesterin Dianens bin,
Berühren. Doch verweigr' ich jene Pflicht,
Wie sie der aufgebrachte König fordert,
So wählt er eine meiner Jungfrau'n mir
Zur Folgerin, und ich vermag alsdann [3]

935

940

1. Ich löse deine Bande,
je délie tes liens. Dans la scène 11
de l'acte précédent Iphigénie, en
ôtant les liens à Pylade, lui dit :
Gefährlich ist die Freiheit die ich gebe.

2. Der letzte lichte Lebensblick. Dans la pièce en proseon
lit : der letzte lichte Augenblick.

3. Folgerin, poétique pour
Nachfolgerin.

Mit heißem Wunsch allein euch beizustehn.   910
O werther Landsmann! Selbst der letzte Knecht,
Der an den Herd der Vatergötter streifte,
Ist uns in fremdem Lande hoch willkommen:
Wie soll ich euch genug mit Freud'[1] und Segen
Empfangen, die ihr mir das Bild der Helden,   915
Die ich von Eltern her verehren lernte,
Entgegenbringet und das inn're Herz
Mit'neuer, schöner Hoffnung schmeichelnd labet!

Orest.

Verbirgst[2] du deinen Namen, deine Herkunft
Mit klugem Vorsatz? oder darf ich wissen,   950
Wer mir, gleich einer Himmlischen, begegnet?

Iphigenie.

Du sollst mich kennen. Jetzo sag' mir an,
Was ich nur halb von deinem Bruder hörte,
Das Ende derer, die, von Troja kehrend,
Ein hartes, unerwartetes Geschick   955
Auf ihrer Wohnung Schwelle stumm[3] empfing.
Zwar ward[4] ich jung an diesen Strand geführt;
Doch wohl erinn' ich mich des scheuen Blick's

---

1. Wie soll ich euch genug mit Freud'. Dans la pièce en prose: Wie soll ich euch genug mit Ehr' und Lieb' umfassen, die ihr, von keinem nieern Hause entsprungen, durch Blut und Stand an jene Helden grauzt.

2. Verbirgst. Goethe, en changeant sa prose en vers, a souvent corrigé son travail primitif, et toujours il l'a fait avec un grand bonheur. Comparez encore ces vers : Verbirgst du, x., au même passage dans l'*Iphigénie* en prose: Verbirgst du deinen Stand und Namen mit Fleiß, oder darf ich wissen, mit wem ich rede?

3. Stumm, muet. Un destin silencieux les reçut à leur retour, c'est-à-dire, ils périrent dans les embûches dressées au sein de leurs propres palais, et ne jouirent pas de la renommée de leurs beaux exploits, qui bientôt devait remplir tout l'univers.

4. Zwar ward. Dans l'*Iphigénie* en prose: Jung bin ich hierher gekommen.

Den ich mit Staunen und mit Bangigkeit
Auf jene Helden warf. Sie zogen aus,   260
Als hätte der Olymp sich aufgethan
Und die Gestalten der erlauchten Vorwelt[1]
Zum Schrecken Ilion's herabgesendet.
Und Agamemnon war vor allen herrlich!
O sage mir! Er fiel, sein Haus betretend,   265
Durch seiner Frauen[2] und Aegisthens Tücke?

Orest.

Du sagst's!

Iphigenie.

Weh dir, unseliges Mycen.
So haben Tantal's Enkel Fluch auf Fluch
Mit vollen wilden Händen ausgesä't!
Und gleich dem Unkraut, wüste Häupter schüttelnd   270
Und tausendfält'gen Samen um sich streuend,
Den Kindeskindern nahverwandte Mörder
Zur ew'gen Wechselwuth[3] erzeugt! — Enthülle,
Was von der Rede deines Bruders schnell
Die Finsterniß des Schreckens mir verdeckte.   275
Wie ist des großen Stammes letzter Sohn,
Das holde Kind, bestimmt des Vaters Rächer
Dereinst zu seyn, wie ist Orest dem Tage
Des Bluts entgangen? Hat ein gleich Geschick
Mit des Avernus Netzen[4] ihn umschlungen?   280

---

1. Die Gestalten der erlauchten Vorwelt. Iphigénie désigne sans doute les héros de l'antiquité, tels que Castor et Pollux, Hercule, Thésée, etc., à qui leurs exploits avaient valu une place dans l'Olympe.

2. Frauen, génitif poétique pour Frau.

3. Zur ewigen Wechselwuth. Wechselwuth formé par Goethe exprime sa pensée avec une parfaite justesse: en effet dans cette race de Tantale, un crime est vengé par un crime plus grand, et ainsi de suite sans relâche.

4. Des Avernus Netze, les filets de l'Averne. Le lac Averne,

Ist er gerettet? Lebt er? Lebt Elektra?

Orest.

Sie leben.

Iphigenie.

Goldne Sonne, leihe mir
Die schönsten Strahlen, lege sie zum Dank
Vor Jovis Thron! denn ich bin arm und stumm.

Orest.

Bist du gastfreundlich diesem Königshause,   985
Bist du mit nähern Banden ihm verbunden,
Wie deine schöne Freude mir verräth,
So bändige dein Herz und halt' es fest!
Denn unerträglich muß dem Fröhlichen
Ein jäher Rückfall in die Schmerzen sein.   990
Du weißt nur, merk' ich, Agamemnon's Tod.

Iphigenie.

Hab' ich an dieser Nachricht nicht genug?

Orest.

Du hast des Gräuels Hälfte nur erfahren.

Iphigenie.

Was fürcht' ich noch? Orest, Elektra leben.

Orest.

Und fürchtest du für Klytämnestren nichts?   995

Iphigenie.

Sie rettet weder Hoffnung, weder Furcht.

Orest.

Auch schied sie aus dem Land der Hoffnung ab.

---

au fond du golfe de Baia, occupe | tiée des enfers. Près de la étaient
le cratère d'un volcan éteint. Les | les lieux habités par la Sibylle de
poetes le designaient comme l'en- | Cumes.

Iphigenie.

Vergoß sie reuig wüthend selbst ihr Blut?

Orest.

Nein! doch ihr eigen Blut gab ihr den Tod.

Iphigenie.

Sprich deutlicher, daß ich nicht länger sinne!   1000
Die Ungewißheit¹ schlägt mir tausendfältig
Die dunkeln Schwingen um das bange Haupt.

Orest.

So haben mich die Götter ausersehn
Zum Boten einer That, die ich so gern
In's klanglos² dumpfe Höllenreich der Nacht   1005
Verbergen möchte! Wider meinen Willen
Zwingt mich dein holder Mund; allein er darf
Auch etwas Schmerzlich's fordern und erhält's.
Am Tage³, da der Vater fiel, verbarg
Elektra rettend ihren Bruder; Strophius,   1010
Des Vaters Schwäher⁴, nahm ihn willig auf,
Erzog ihn neben seinem eignen Sohne,
Der, Pylades genannt, die schönsten Bande
Der Freundschaft um den Angekommnen knüpfte.
Und wie sie wuchsen, wuchs in ihrer Seele   1015
Die brennende Begier, des Königs Tod
Zu rächen. Unversehn, fremd gekleidet,

---

1. Die Ungewißheit... Haupt, l'incertitude aux mille plis, agite ses sombres ailes autour de ma tête remplie d'angoisses. Dans l'Iphigénie en prose : Die Ungewißheit schlägt mit tausendfaltigem Verdacht mir um das Haupt.

2. Klanglos, où le son ne se perçoit plus.

3. Am Tage Pylades dit plus haut : am Tage seiner Ankunft.

4. Schwäher signifie littéralement beau-père, c'est le synonyme de Schwiegervater. Goethe l'emploie pour Schwager, beau-frère, comme étant plus élégant et plus harmonieux que ce dernier mot.

Erreichen sie Mycen¹, als brächten sie
Die Trauernachricht von Orestens Tode
Mit seiner Asche. Wohl empfänget sie   1002
Die Königin; sie treten in das Haus.
Elektren giebt Orest sich zu erkennen;
Sie bläs't der Rache Feuer² in ihm auf,
Das in der Mutter heil'ger Gegenwart
In sich zurückgebrannt war. Stille führt   1025
Sie ihn zum Orte, wo sein Vater fiel,
Wo eine alte leichte Spur des frech
Vergoßnen Blutes oft gewaschnen Boden
Mit blassen, ahnungsvollen³ Streifen färbte.
Mit ihrer Feuerzunge schilderte   1030
Sie jeden Umstand der verruchten That,
Ihr knechtisch elend durchgebrachtes Leben,
Den Uebermuth der glücklichen Verräther,
Und die Gefahren, die nun der Geschwister
Von einer stiefgewordnen Mutter warteten.   1035
Hier drang sie jenen alten Dolch⁵ ihm auf,

---

1. **Erreichen sie Mycen.**
Le poète raconte le retour d'O-
reste, en suivant le récit de Sophocle dans *Electre*.

2. **Sie blast der Rache
Feuer,** elle souffle le feu de la
vengeance.

3. **Mit blassen, ahnungs-
vollen, &c.** Nous avons parlé ailleurs de ces taches de sang que
rien ne peut effacer. Au lieu de
ahnungsvoll on trouve dans les
premières éditions *ahnungsvoll*
qui n'est pas le mot propre. Le
mot dérive de *ahnen*, *pressentir*,
prévoir par l'esprit, et non de
ahnden, qui signifie *venger*.

4. **Jenen alten Dolch,** ce
poignard antique. Tous les poètes
ont parlé de ce fer héréditaire, que
les descendants d'Atrée se pas-
saient, en quelque sorte de main
en main, pour immoler des victimes issues de leur propre famille. Dans l'*Oreste* de Voltaire
Électre s'écrie: « Glaive affreux,
fer sanglant, qu'un outrage nouveau Exposait en triomphe à ce
sacré tombeau, Fer teint du sang
d'Oreste.... » (Acte IV, sc. 2.) —
Dans l'*Iphigénie* de Guymond de
la Touche Oreste reçoit ce fer des
dieux mêmes: « Du fond de mon
exil vous m'arrachez tremblant,

Der schon in Tantal's Hause grimmig wüthete,
Und Klytämnestra fiel durch Sohnes Hand.

Iphigenie.

Unsterbliche, die ihr den reinen Tag[1]
Auf immer neuen Wolken selig lebet,   1040
Habt ihr nur darum mich so manches Jahr
Von Menschen abgesondert, mich so nah
Bei euch gehalten, mir die kindliche
Beschäftigung, des heil'gen Feuers Gluth
Zu nähren, aufgetragen, meine Seele   1045
Der Flamme gleich in ew'ger, frommer Klarheit
Zu euern Wohnungen hinaufgezogen,
Daß ich nur meines Hauses Gräuel später,
Und tiefer fühlen sollte? — Sage mir
Vom Unglückfel'gen! Sprich mir von Orest!   1050

Orest.

O könnte[2] man von seinem Tode sprechen!
Wie gährend stieg aus der Erschlagnen Blut
Der Mutter Geist
Und ruft der Nacht uralten Töchtern zu:
„Laßt nicht den Muttermörder entfliehn!   1055
Verfolgt den Verbrecher! Euch ist er geweiht!"
Sie horchen auf, es schaut ihr hohler Blick
Mit der Begier des Adlers um sich her,
Sie rühren sich in ihren schwarzen Höhlen,
Und aus den Winkeln schleichen die Gefährten,   1060

Vous mettez dans mes mains un
glaive étincelant.» (Acte II, sc. 1.)
1. Den reinen Tag le-
ben. Leben, vivre, est neutre et
gouverne ici l'accusatif, à l'instar
de quelques verbes neutres grecs

et latins. Bossuet a dit aussi:
«Dormez votre sommeil.»
2. O könnte.. Oreste ré-
pond à peine aux questions d'I-
phigénie, et continue son terrible
récit.

Der Zweifel und die Reue, leis' herbei.
Vor ihnen steigt ein Dampf vom Acheron;
In seinen Wolkenkreisen wälzet sich
Die ewige Betrachtung des Gescheh'nen
Verwirrend um des Schuld'gen[1] Haupt umher,   1065
Und sie[2], berechtigt zum Verderben, treten
Der gottbesä'ten Erde schönen Boden,
Von dem ein alter Fluch sie längst verbannte.
Den Flüchtigen verfolgt ihr schneller Fuß:
Sie geben nur, um neu zu schrecken, Rast.   1070

Iphigenie.

Unseliger, du bist in gleichem Fall,
Und fühlst, was er, der arme Flüchtling, leidet!

Orest.

Was sagst du mir? Was wähnst du gleichen Fall?

Iphigenie.

Dich drückt ein Brudermord wie jenen; mir
Vertraute dieß dein jüngster Bruder schon.   1075

Orest.

Ich kann's[3] nicht leiden, daß du, große Seele,
Mit einem falschen Wort betrogen werdest.

---

1. Um des Schuld'gen. Schiller dans sa ballade : Die Kraniche des Ibykus, fait dire aux furies : Die Bande um den Sünder schlingt....

2. Und sie, et elles, c'est à-dire les furies.

3. Ich kann nicht, etc. Le poète s'écarte ici de son modèle, Euripide. Iphigénie, chez le poète grec, veut sauver l'un des deux amis; alors il s'élève entre ceux-ci une noble lutte; chacun d'eux veut mourir pour sauver son ami de la mort. Enfin Pylade, forcé de céder, consent à retourner en Grèce. La prêtresse le charge d'une lettre pour Oreste en le conjurant d'être un messager fidèle. Pylade le promet; la chose ne sera aisée, ajoute-t-il, et aussitôt il remet la lettre à Oreste qui est devant lui. Cette reconnaissance en action est plus dramatique que celle de Gœthe; car celle-ci, tirée de l'amour d'Oreste pour la vérité, est, sion peut le dire, trop abstraite et trop moderne.

5

Ein lügenhaft Gewebe knüpf' ein Fremder
Dem Fremden, sinnreich und der List gewohnt,
Zur Falle vor die Füße; zwischen uns   1080
Sei Wahrheit!
Ich bin Orest! und dieses schuld'ge Haupt
Senkt nach der Grube sich und sucht den Tod[1];
In jeglicher Gestalt sei er willkommen!
Wer du auch seist, so wünsch' ich Rettung dir   1085
Und meinem Freunde; mir wünsch' ich sie nicht.
Du scheinst hier wider Willen zu verweilen;
Erfindet Rath zur Flucht und laßt mich hier!
Es stürze mein entseelter Leib vom Fels,
Es rauche bis zum Meer hinab mein Blut,   1090
Und bringe Fluch dem Ufer der Barbaren!
Geht ihr, daheim im schönen Griechenland
Ein neues Leben freundlich anzufangen!

(Er entfernt sich.)

Iphigenie.

So steigst du denn, Erfüllung, schönste Tochter
Des größten Vaters, endlich zu mir nieder!   1095
Wie ungeheuer steht dein Bild vor mir!
Kaum reicht mein Blick dir an die Hände, die,
Mit Frucht und Segenskränzen angefüllt,
Die Schätze des Olympus niederbringen.

---

1. Und sucht den Tod. Cette sombre mélancolie poussant Oreste à la mort qui semble fuir devant lui, a été chez tous les poètes un des traits les plus saillants du caractère de ce personnage. Selon Horace il ne pouvait être autrement représenté : « Sit Medea ferox invictaque; flebilis Ino; Perfidus Ixion; Io vaga; tristis Orestes. » (Horace, *Art poétique*). — Virgile aussi nous le montre en proie aux fureurs : « Aut Agamemnonius scenis « agitatus Orestes. » (*Énéide*, IV, 471). — Racine a dit : « Je craignais que le ciel, par un cruel secours, Ne vous offrit la mort que vous cherchiez toujours. » (*Andromaque*, acte 1, sc. 1.)

Wie man den König an dem Uebermaaß   1100
Der Gaben kennt — denn ihm muß wenig scheinen,
Was Tausenden schon Reichthum ist — so kennt
Man euch, ihr Götter, an gesparten, lang
Und weise zubereiteten Geschenken.
Denn ihr allein wißt, was uns frommen kann;   1105
Und schaut der Zukunft ausgedehntes Reich,
Wenn jedes Abends Stern und Nebelhülle
Die Aussicht uns verdeckt. Gelassen hört
Ihr unser Flehn, das um Beschleunigung
Euch kindisch bittet; aber eure Hand   1110
Bricht unreif nie die goldnen Himmelsfrüchte;
Und wehe dem, der, ungeduldig sie
Ertrotzend, saure Speise sich zum Tod
Genießt. O laßt das lang erwartete,
Noch kaum gedachte Glück nicht, wie den Schatten   1115
Des abgeschiednen Freundes, eitel mir
Und dreifach schmerzlicher vorübergehn!

             Orest (tritt wieder zu ihr)
Rufst du die Götter an für dich und Pylades,
So nenne meinen Namen nicht mit eurm!
Du rettest den Verbrecher nicht, zu dem   1120
Du dich gesellst, und theilest Fluch und Noth.

                    Iphigenie.
Mein Schicksal ist an deines fest gebunden.

                    Orest.
Mit nichten! Laß allein und unbegleitet
Mich zu den Todten gehn! Verhülltest du
In deinen Schleier selbst den Schuldigen,   1125
Du birgst ihn nicht vor'm Blick der Immerwachen[1],

---

1. Die Immerwachen, le- | luries. « Les déités du Styx mar-
déesses qui veillent toujours, les | chaient à ses côtés. » (Voltaire,

Und deine Gegenwart, du Himmlische,
Drängt sie nur seitwärts und verscheucht sie nicht.
Sie dürfen mit den eh'rnen frechen Füßen
Des heil'gen Waldes Boden nicht betreten;   1131
Doch hör' ich aus der Ferne hier und da
Ihr gräßliches Gelächter. Wölfe¹ harren
So um den Baum, auf den ein Reisender
Sich rettete.   Da draußen ruhen sie
Gelagert; und verlaß ich diesen Hain,   1135
Dann steigen sie, die Schlangenhäupter schüttelnd²,
Von allen Seiten Staub erregend, auf
Und treiben ihre Beute vor sich her.

Iphigenie.

Kannst du, Orest, ein freundlich Wort vernehmen?

Orest.

Spar' es für einen Freund der Götter auf!   1140

Iphigenie.

Sie geben dir zu neuer Hoffnung Licht.

Orest.

Durch Rauch und Qualm seh' ich den matten Schein
Des Todtenflusses mir zur Hölle leuchten.

Iphigenie.

Hast du Elektren, Eine Schwester nur?

Oreste, acte III. sc. 6.) — Le poète les appelle aussi Immerwachen, parce qu'elles veillent sur les actions des hommes, et poursuivent sans relâche le criminel.

1. Wölfe. Echt alt Bilt, dit Weber.

2. Die Schlangenhäupter schüttelnd, agitant leurs têtes de serpents. Euripide compare les furies aux serpents, et leur donne des regards de sang: Eschyle dit que de leurs yeux dégoutte le sang, etc. — Les modernes ont imité ces modèles, en donnant cette hideuse chevelure aux divinités infernales, chargées de terrifier les mortels qui ont commis quelque crime. — Racine a dit: « Pour qui sont ces serpents qui sifflent sur vos têtes? » (Andromaque, acte V, sc. 1).

Orest.

Die Eine kannt' ich; doch die ält'ste nahm 1145
Ihr gut Geschick, das uns so schrecklich schien,
Bei Zeiten aus dem Elend unsres Hauses.
O laß die Fragen, und geselle dich
Nicht auch zu den Erinnyen! sie blasen
Mir schadenfroh die Asche von der Seele, 1150
Und leiden nicht, daß sich die letzten Kohlen
Von unsres Hauses Schreckensbrande still
In mir verglimmen. Soll die Gluth denn ewig,
Vorsätzlich angefacht, mit Höllenschwefel
Genährt, mir auf der Seele marternd brennen? 1155

Iphigenie.

Ich bringe süßes Rauchwerk in die Flamme.
O laß den reinen Hauch der Liebe dir
Die Gluth des Busens leise wehend kühlen!
Orest, mein Theurer, kannst du nicht vernehmen?
Hat das Geleit der Schreckensgötter so 1160
Das Blut in deinen Adern aufgetrocknet?
Schleicht, wie vom Haupt der gräßlichen Gorgone¹,
Versteinernd dir ein Zauber durch die Glieder?
O wenn vergoßnen Mutterblutes Stimme
Zur Höll' hinab mit dumpfen Tönen ruft, 1165
Soll nicht der reinen Schwester Segenswort
Hülfreiche Götter vom Olympus rufen?

---

1. Wie vom Haupt der gräßlichen Gorgone, comme de la tête de l'affreuse Gorgone. La mythologie compte trois Gorgones, Sthéno, Euryale et Méduse. Elles étaient filles de Gorgone et de Céto. Sthéno et Euryale étaient immortelles; Méduse, qui était mortelle, eut la tête coupée par Persée. Sur le bouclier de Pallas était représentée la tête d'une Gorgone, qui changeait en pierre tous ceux qui la regardaient.

Orest.

Es' ruft! es ruft! So willst du mein Verderben?
Verbirgt in dir sich eine Rachegöttin?
Wer bist du, deren Stimme mir entsetzlich   1170
Das Innerste in seinen Tiefen wendet?

Iphigenie.

Es zeigt sich dir im tiefsten Herzen an:
Orest, ich bin's! Sieh Iphigenien!
Ich lebe!

Orest.

        Du!

Iphigenie.

        Mein Bruder!

Orest.

                Laß! Hinweg!
Ich rathe dir, berühre nicht die Locken!   1175
Wie von Kreusa's Brautkleid zündet sich
Ein unauslöschlich Feuer von mir fort.
Laß mich! Wie Hercules will ich Unwürd'ger
Den Tod voll Schmach, in mich verschlossen, sterben.

Iphigenie.

Du wirst nicht untergehn! O daß ich nur   1180
Ein ruhig Wort von dir vernehmen könnte!
O löse meine Zweifel, laß des Glückes,
Des lang erflehten, mich auch sicher werden.
Es' wälzet sich ein Rad von Freud' und Schmerz

---

1. Es se rapporte à Mut-
terblut et non à Steinschwert, auquel le pronom devrait se rapporter grammaticalement; mais
Oreste, sous l'impression de l'idée
exprimée par ce terme Mutter-

blutes Stimme, n'entend plus la
suite du discours, il répond à l'i-
dée contenue dans ces mots terri-
bles, qui seuls ont bouleversé le
fond de son âme.

2. Es wälzt sich ein Rad,

Durch meine Seele.   Von dem fremden Manne   1185
Entfernet mich ein Schauer; doch es reißt
Mein Innerstes gewaltig mich zum Bruder.

Orest.

Ist hier Lyäens Tempel¹? und ergreift
Unbändig heil'ge wuth die Priesterin?

Iphigenie.

O höre mich! O sieh mich an, wie mir   1190
Nach einer langen Zeit das Herz sich öffnet
Der Seligkeit, dem Liebsten, was die Welt
Noch für mich tragen kann, das Haupt zu küssen,
Mit meinen Armen, die den leeren Winden
Nur ausgebreitet waren, dich zu fassen!   1195
O laß mich! laß mich! denn es quillet² heller
Nicht vom Parnaß die ew'ge Quelle sprudelnd
Von Fels zu Fels in's goldne Thal hinab,
Wie Freude mir vom Herzen wallend fließt,
Und wie ein selig Meer mich rings umfängt.   1200
Orest! Orest! Mein Bruder!

Orest.

Schöne Nymphe³,

---

est une métaphore à la manière d'Eschyle; nous en trouvons beaucoup de semblables dans Gœthe.

1. Lyäen's Tempel, le temple de Bacchus, dont les prêtresses, les Bacchantes, étaient sans cesse en proie au délire.

2. Denn es quillet... umfängt, la source éternelle qui jaillit du Parnasse, et tombe de rochers en rochers, ne descend pas plus pure dans la belle et riche vallée, que les flots de joie qui s'épanchent de mon sein, et qui m'entourent comme un océan de bonheur.

3. Schöne Nymphe. Oreste prend la joie pure de sa sœur pour les transports d'une passion coupable, et il rappelle à la prêtresse les devoirs sévères de son ministère. En comparant à ces beaux vers le même passage dans l'Iphigénie en prose, nous remarquerons une fois de plus la perfection à laquelle Gœthe était arrivé, quand il écrivit cette tragédie: Schöne Nymphe, ich traue dir nicht! Spotte nicht des Unglücks, und wende deine Liebe irgend einem Gott zu. Diana rächt ein Vergehen hart. Wie

Ich traue dir und deinem Schmeicheln nicht.
Diane fordert strenge Dienerinnen
Und rächet das entweihte Heiligthum.   1205
Entferne deinen Arm von meiner Brust!
Und wenn du einen Jüngling rettend lieben,
Das schöne Glück ihm zärtlich bieten willst,
So wende meinem Freunde dein Gemüth,
Dem würd'gern Manne, zu. Er irrt umher
Auf jenem Felsenpfade; such' ihn auf,   1210
Weis' ihn zurecht und schone meiner!

Iphigenie.
        Fasse
Dich, Bruder, und erkenne die Gefundne!
Schilt eine Schwester reine Himmelsfreude
Nicht unbesonnene, strafbare Lust!
O nehmt' den Wahn ihm von dem starren Auge,   1215
Daß uns der Augenblick der höchsten Freude
Nicht dreifach elend mache! Sie ist hier,
Die längst verlor'ne Schwester. Vom Altar
Riß mich die Göttin weg und rettete
Hierher mich in ihr eigen Heiligthum.   1220
Gefangen bist du, dargestellt zum Opfer,
Und findest in der Priesterin die Schwester.

Orest.
Unselige! So mag die Sonne denn
Die letzten Gräuel unsres Hauses sehn!
Ist nicht Elektra hier? damit auch sie
Mit uns zu Grunde gehe, nicht ihr Leben   1225

---

sie der Männer Liebkosen verachtet, fordert sie strenge Nymphen, und viele Helden haben ihre Rache schwer gefühlt. Wenn du gefällig bist, so rette meinen Freund, der mit mir irrt.

1. O nehmt. U laut suppléer ihr Gotter.

Zu schwererem Geschick und Leiden friste!
Gut, Priesterin! ich folge zum Altar:
Der Brudermord¹ ist hergebrachte Sitte
Des alten Stammes; und ich danke, Götter,   1230
Daß ihr mich ohne Kinder auszurotten
Beschlossen habt. Und laß dir rathen, habe
Die Sonne² nicht zu lieb und nicht die Sterne;
Komm', folge mir in's dunkle Reich hinab!
Wie sich vom Schwefelpfuhl erzeugte Drachen,   1235
Bekämpfend die verwandte Brut, verschlingen,
Zerstört sich selbst das wüthende Geschlecht;
Komm' kinderlos und schuldlos mit hinab!
Du siehst mich mit Erbarmen an? Laß ab!
Mit solchen Blicken suchte Klytämnestra   1240
Sich einen Weg nach ihres Sohnes Herzen³;
Doch sein geschwungener Arm traf ihre Brust.
Die Mutter fiel! — Tritt auf, unwill'ger Geist!
Im Kreis geschlossen tretet an, ihr Furien,
Und wohnet dem willkommnen Schauspiel bei,   1245
Dem letzten, gräßlichsten, das ihr bereitet!
Nicht Haß und Rache schärfen ihren Dolch;
Die liebevolle Schwester wird zur That
Gezwungen. Weine nicht! Du hast nicht Schuld.

1. Der Brudermord, le fratricide. En effet, Atrée et Thyeste s'étaient d'abord signalés par le meurtre de leur frère Chrysippe; puis Thyeste envoya Plisthène pour assassiner Atrée.

2. Habe die Sonne. Belle périphrase pour dire n'aime pas trop la vie. Comparez les vers de Hermann et Dorothee, où Goethe exprime la même pensée: Heilig sei dir der Tag; doch schätze das Leben nicht höher Als ein anderes Gut, und alle Güter sind trüglich.

3. Mit solchen Blicken suchte Klytämnestra sich einen Weg nach ihres Sohnes Herzen. Voyez l'admirable scène de l'Électre de Sophocle, où Clytemnestre supplie Oreste de ne pas tuer sa mère: « O mon fils! mon fils! ayez pitié de celle qui vous a enfanté: » ὦ τέκνον, τέκνον, Οἴκτιζε τὴν τεκοῦσαν.

Seit meinen ersten Jahren hab' ich nichts   1250
Geliebt, wie ich dich lieben könnte, Schwester.
Ja, schwinge deinen Stahl, verschone nicht,
Zerreiße diesen Busen, und eröffne
Den Strömen, die hier sieden, einen Weg!
(Er sinkt in Ermattung).
Iphigenie.
Allein zu tragen dieses Glück und Elend   1255
Vermag ich nicht. — Wo bist du, Pylades?
Wo find' ich deine Hülfe, theurer Mann?
(Sie entfernt sich suchend).

———

Zweiter Auftritt.

Orest
(aus seiner Betäubung erwachend und sich aufrichtend)

Noch Einen! reiche mir aus Lethe's Fluthen
Den letzten kühlen Becher der Erquickung!
Bald ist der Krampf des Lebens¹ aus dem Busen   1260
Hinweggespült; bald fließet still mein Geist,
Der Quelle des Vergessens hingegeben,
Zu euch, ihr Schatten, in die ew'gen Nebel.
Gefällig laßt in eurer Ruhe sich
Den umgetriebnen Sohn der Erde laben! —   1265
Welch ein Gelispel hör' ich in den Zweigen,
Welch ein Geräusch aus jener Dämm'rung² säuseln?
Sie³ kommen schon, den neuen Gast zu sehn!

1. Der Krampf des Le-
bens, le tressaillement, c'est-à-
dire la crise de la vie.
2. Aus jener Dämmerung,
sortant de ce crépuscule, c'est-à-
dire de cet empire ténébreux que
le poëte appelle plus haut *les
brouillards éternels*, die ewigen
Nebel.
3. Sie, *ils*, est ici employé

Wer ist die Schaar, die herrlich mit einander
Wie ein versammelt Fürstenhaus sich freut? 1270
Sie gehen friedlich, Alt' und Junge, Männer
Mit Weibern; göttergleich und ähnlich ' scheinen
Die wandelnden Gestalten. Ja, sie sind's,
Die Ahnherrn meines Hauses. — Mit Thyesten
Geht Atreus in vertraulichen Gesprächen; 1275
Die Knaben schlüpfen scherzend um ihn her.
Ist keine Feindschaft hier mehr unter euch?
Verlosch die Rache wie das Licht der Sonne?
So bin auch ich willkommen, und ich darf
In euern feierlichen Zug mich mischen. 1280

Willkommen², Väter! euch grüßt Orest,
Von euerm Stamme der letzte Mann;
Was ihr gesä't, hat er geerntet:
Mit Fluch beladen, stieg er herab.
Doch leichter trägt sich hier jede Bürde: 1285
Nehmt ihn, o nehmt ihn in euern Kreis! —
Dich, Atreus, ehr' ich, auch dich Thyesten:
Wir sind hier alle der Feindschaft los. —
Zeigt mir den Vater, den ich nur Einmal
Im Leben sah! — Bist du's, mein Vater? 1290
Und führst die Mutter vertraut mit dir!
Darf Klytämnestra die Hand dir reichen,
So darf Orest auch zu ihr treten.

d'une manière indéterminée; la suite montre qu'Oreste entrevoit les différents membres de sa famille.

4. Göttergleich und ähnlich. Cette troupe, que son délire lui fait voir, apparait comme une réunion de rois, et la ressemblance que ces grandes figures ont entre elles annonce qu'elles sont sorties d'une même souche.

2. Willkommen. Dans le transport où il est, son langage s'élève et prend la forme lyrique.

Ich darf ihr sagen: Sieh deinen Sohn! —
Seht euern Sohn! heißt ihn willkommen!   1295
Auf Erden war in unserm Hause
Der Gruß des Mordes gewisse Losung,
Und das Geschlecht des alten Tantal's
Hat seine Freuden jenseits der Nacht.
Ihr ruft: Willkommen! und nehmt mich auf.   1300
O führt zum Alten, zum Ahnherrn mich!
Wo ist der Alte? daß ich ihn sehe,
Das theure Haupt, das vielverehrte,
Das mit den Göttern zu Rathe saß.
Ihr scheint zu zaudern, euch wegzuwenden?   1305
Was ist es? Leidet der Göttergleiche?
Weh mir! es haben die Uebermächt'gen
Der Heldenbrust grausame Qualen
Mit eh'rnen Ketten¹ fest aufgeschmiedet.

Dritter Auftritt.

Orest. Iphigenie. Pylades.

Orest.

Seid ihr auch schon herabgekommen?   1310
Wohl Schwester dir! Noch fehlt Elektra!
Ein güt'ger Gott send' uns die Eine
Mit sanften Pfeilen² auch schnell herab!

---

1. Mit ehrnen Ketten. Ces chaines de fer rappellent le supplice du Titans en général, surtout celui de Prométhée, que la vengeance des dieux avait enchainé sur le Caucase. Voy. le *Promethée* d'Eschyle.

2. Mit sanften Pfeilen. de ses traits les plus doux. Les anciens représentaient volontiers la mort comme un trait lancé par un dieu. Ainsi, dans Homère, Apollon frappe de ses traits ceux qu'il veut faire périr.

Dich, armer Freund, muß ich bedauern!
Komm' mit, komm' mit, zu Pluto's Thron,   1315
Als neue Gäste den Wirth zu grüßen!

Iphigenie.

Geschwister [1], die ihr an dem weiten Himmel
Das schöne Licht bei Tag und Nacht herauf
Den Menschen bringet, und den Abgeschiednen
Nicht leuchten dürfet, rettet uns Geschwister!   1320
Du liebst, Diane, deinen holden Bruder
Vor allem, was dir Erd' und Himmel bietet;
Und wendest [2] dein jungfräulich Angesicht
Nach seinem ew'gen Lichte sehnend still.
O laß den Einz'gen, Spätgefundnen mir   1325
Nicht in der Finsterniß des Wahnsinns rasen!
Und ist dein Wille, da du hier mich bargst,
Nunmehr vollendet, willst du mir durch ihn
Und ihm durch mich die sel'ge Hülfe geben,
So lös' ihn von den Banden jenes Fluchs,   1330
Daß nicht die theure Zeit der Rettung schwinde!

Pylades.

Erkennst du uns und diesen heil'gen Hain
Und dieses Licht, das nicht den Todten leuchtet?
Fühlst du den Arm des Freundes und der Schwester,
Die dich noch fest, noch lebend halten? Faß   1335
Uns kräftig an! wir sind nicht leere Schatten.

1. Geschwister, c'est-à-dire Apollon et Diane, le soleil et la lune. Le mot Geschwister qui termine la phrase, représente évidemment Oreste et Iphigénie. La période commence et se termine heureusement par ce mot si important ici de Geschwister.

2. Und wendest. Weber remarque avec raison que le poète allemand tire ici une belle figure de la science moderne, qui nous apprend que la lune reçoit sa lumière du soleil; cette image devait nécessairement rester inconnue aux poètes de l'antiquité.

Merk' auf mein Wort! Vernimm es' Raffe dich
Zusammen! Jeder Augenblick ist theuer,
Und unsre Rückkehr hängt an zarten Fäden,
Die, scheint es, eine günst'ge Parze spinnt.   1340

Orest (zu Iphigenien).

Laß mich zum erstenmal mit freiem Herzen
In deinen Armen reine Freude haben!
Ihr Götter¹, die mit flammender Gewalt
Ihr schwere Wolken aufzuzehren wandelt,
Und gnädig ernst den lang erflehten Regen   1345
Mit Donnerstimmen und mit Windesbrausen
In wilden Strömen auf die Erde schüttet,
Doch bald der Menschen grausendes Erwarten
In Segen auflös't und das bange Staunen
In Freudeblick und lauten Dank verwandelt,   1350
Wenn in den Tropfen frischerquickter Blätter
Die neue Sonne tausendfach sich spiegelt,
Und Iris freundlich bunt mit leichter Hand
Den grauen Flor der letzten Wolken trennt! —
O laßt mich auch an meiner Schwester Armen,   1355
An meines Freundes Brust, was ihr mir gönnt,
Mit vollem Dank genießen und behalten!

---

1. Ihr Götter... schüttet. Construisez: Ihr Götter, die ihr wandelt (um) aufzuzehren schwere Wolken, und (ihr die ihr) gnädig schüttet auf die Erde. O Dieux, vous qui chassez les nuages épais, vous qui, dans votre clémence, versez sur la terre, en torrents impétueux, au milieu du tonnerre et des vents, la pluie implorée par de longues prières; etc. Dans l'Iphigénie en prose: Ihr Götter, die ihr mit entsetzlichen Flammen die schweren Wetterwolken aufzehrt und eure Gnaden gabet, euren fruchtbaren Regen, mit furchterlichen Donnerschlägen auf die Erde schmettert, und so die grausende Erwartung der Menschen sich in heilsamen Segen auflöst, wenn die Sonne wieder mit den Blättertropfen spiegelt, und jeden grauen Rest getrennter Wolken mit bunter Freundlichkeit die Iris zertreibt.

Es löst sich der Fluch, mir sagt's das Herz.

Die Eumeniden ziehn, ich höre sie,

Zum Tartarus und schlagen hinter sich   1360

Die eh'rnen Thore fernabdonnernd zu.

Die Erde dampft[1] erquickenden Geruch

Und ladet mich auf ihren Flächen ein,

Nach' Lebensfreud' und großer That zu jagen.

Pylades.

Versäumt die Zeit nicht, die gemessen ist!   1365

Der Wind, der unsre Segel schwellt[2], er bringe

Erst unsre volle Freude zum Olymp.

Kommt! Es bedarf hier schnellen Rath und Schluß.

---

1. Dampfen signifie littéralement produire de la vapeur; par extension et poétiquement Goethe en fait un verbe actif.

2. Schwellen est régulier comme verbe actif et irrégulier comme verbe neutre; il en est de même de quellen, de schmelzen, et de quelques autres verbes allemands.

Vierter Aufzug.

Erster Auftritt.

Iphigenie (allein).

Denken die Himmlischen
Einem der Erdgebor'nen   1370
Viele Verwirrungen zu,
Und bereiten sie ihm
Von der Freude zu Schmerzen
Und von Schmerzen zur Freude
Tief erschütternden Uebergang: 1375
Dann erziehen sie ihm
In der Nähe der Stadt,
Oder am fernen Gestade,
Daß in Stunden der Noth
Auch die Hülfe bereit sei,   1380
Einen ruhigen Freund.
O segnet, Götter, unsern Pylades[2],
Und was er immer unternehmen mag!

---

1. Zudenken, réserver, gouverne le datif à cause de la particule zu qu'il renferme. Dans la tragédie en prose nous lisons: Wem die Himmlischen viel Verwirrung zugedacht haben, wem sie erschütternde, schnelle Wechsel der Freude und des Schmerzens bereiten, dem geben sie fein beßer Geschenk, als einen ruhigen Freund. Segnet unsern Pylades und sein Vorhaben.

2. Unsern Pylades, notre Pylade. Pylade, selon quelques-uns, avait épousé Electre.

Er ist der Arm des Jünglings in der Schlacht,
Des Greises leuchtend Aug' in der Versammlung: 1385
Denn seine Seel' ist stille; sie bewahrt
Der Ruhe heil'ges, unerschöpftes Gut,
Und den Umhergetriebnen reichet er
Aus ihren Tiefen Rath und Hülfe. Mich
Riß er vom Bruder los; den staunt' ich an 1390
Und immer wieder an, und konnte mir
Das Glück nicht eigen machen, ließ ihn nicht
Aus meinen Armen los, und fühlte nicht
Die Nähe der Gefahr, die uns umgiebt.
Jetzt gehn sie, ihren Anschlag auszuführen, 1395
Der See zu, wo das Schiff mit den Gefährten,
In einer Bucht¹ versteckt, auf's Zeichen lauert,
Und haben kluges Wort mir in den Mund
Gegeben, mich gelehrt, was ich dem König
Antworte², wenn er sendet und das Opfer 1400
Mir bringender gebietet. Ach! ich sehe wohl,
Ich muß mich leiten lassen wie ein Kind.
Ich habe nicht gelernt zu hinterhalten³,

1. **Bucht**, baie, vient de *biegen*, *courber* (comparez *Flucht* de *fliegen*; *Zucht* de *ziehen* dont l'imparf. est *zog*), etc. Notre mot *baie* a sans doute la même origine.

2. **Was ich antworte**, ce que je dois répondre. *Antworte* est au présent du subjonctif.

3. **Zu hinterhalten**, à dissimuler. Weber, dans son commentaire sur *Iphigenie*, croit que Goethe a mis *zu hinterhalten* pour *hinterzuhalten*, et en excusant le poète d'avoir sacrifié la grammaire à l'harmonie, il l'accuse de pécher contre la grammaire.

Weber se trompe et Goethe a bien fait, même au point de vue de la grammaire, d'écrire *zu hinterhalten*; en effet, *hinterhalten* dans l'acception qu'il a ici, c'est-à-dire dans le sens de tenir secret, de faire un mystère à quelqu'un de quelque chose, ne saurait renfermer que la particule inséparable; la particule *hinter* n'est séparable que quand il exprime l'idée d'aller derrière, et cette acception est si rare que certaines grammaires élémentaires donnent *hi.. ter* comme particule inséparable. Ce qui est hors de doute, c'est que

Noch jemand etwas abzuliſten. Weh!

O weh der Lüge! ſie befreiet nicht, 1405

Wie jedes andre wahrgeſprochne Wort,

Die Bruſt; ſie macht uns nicht getroſt, ſie änaſtet

Den, der ſie heimlich ſchmiedet, und ſie kehrt,

Ein losgedrückter Pfeil, von einem Gotte

Gewendet und verſagend, ſich zurück 1410

Und trifft den Schützen[1]. Sorg' auf Sorge ſchwankt

Mir durch die Bruſt. Es greift die Furie

Vielleicht den Bruder auf dem Boden wieder

Des ungeweihten Ufers grimmig an.

Entdeckt man ſie vielleicht? Mich dünkt[2] ich höre 1415

Gewaffnete ſich nahen! — Hier! — Der Bote

Kommt von dem Könige mit ſchnellem Schritt.

Es ſchlägt mein Herz, es trübt ſich meine Seele,

Da ich des Mannes Angeſicht erblicke,

Dem ich mit falſchem Wort begegnen ſoll. 1420

---

hinterhalten, dans le cas qui nous occupe, ne peut signifier autre chose que deguiser, dissimuler, et dans tout verbe ayant une acception figurée, la particule hinter est, de toute rigueur, inséparable.

1. Trifft den Schützen, frappe son archer. Schiller, dans son *Guillaume Tell*, emploie la même métaphore.

2. Mich dunkt ꝛc. Ces craintes, ces terreurs d'*Iphigénie* sont d'autant plus dramatiques qu'elles naissent bien naturellement de la situation où elle se trouve. Ces phrases courtes et entrecoupées rendent d'une façon sensible l'agitation de son cœur. Quelques critiques, cependant, prétendent que ce langage passionné n'est pas en harmonie avec la noble réserve, que le poète donne ailleurs au caractère de son héroïne.

Zweiter Auftritt.

Iphigenie. Arkas.

Arkas.

Beschleunige das Opfer, Priesterin,
Der König wartet¹ und es harrt das Volk.

Iphigenie.

Ich folgte² meiner Pflicht und deinem Wink,
Wenn unvermuthet nicht ein Hinderniß
Sich zwischen mich und die Erfüllung stellte.   1425

Arkas.

Was ist's, das den Befehl des Königs hindert?

Iphigenie.

Der Zufall, dessen wir nicht Meister sind.

Arkas.

So sage mir's, daß ich's ihm schnell vermelde!
Denn er beschloß bei sich der Beiden Tod.

Iphigenie.

Die Götter haben ihn noch nicht beschlossen.   1430
Der ält'ste dieser Männer trägt die Schuld
Des nahverwandten Bluts, das er vergoß.
Die Furien verfolgen seinen Pfad,
Ja, in dem innern Tempel faßte selbst
Das Uebel ihn, und seine Gegenwart   1435

---

1. Der König wartet. Nous avons déjà remarqué un vers construit comme celui-ci, qui est également mis dans la bouche d'Arcas: Ich eile vor dem König und dem Heer Zu melden, daß er kommt und daß es naht.

2. Folgte, et plus loin stellte, sont à l'imparfait du subjonctif.

Entheiligte die reine Stätte.   Nun
Eil' ich mit meinen Jungfrau'n, an dem Meere
Der Göttin Bild mit frischer Welle netzend,
Geheimnißvolle Weihe zu begehen.
Es störe niemand unsern stillen Zug!   1440

####### Arkas.

Ich melde dieses neue Hinderniß
Dem Könige geschwind; beginne du
Das heil'ge Werk nicht eh', bis er's erlaubt!

####### Iphigenie.

Dieß ist allein der Priest'rin überlassen.

####### Arkas.

Solch seltnen Fall soll auch der König wissen.   1445

####### Iphigenie.

Sein Rath wie sein Befehl verändert nichts.

####### Arkas.

Oft wird der Mächtige zum Schein gefragt.

####### Iphigenie.

Erdringe nicht, was ich versagen sollte!

####### Arkas.

Versage nicht was gut und nützlich ist!

####### Iphigenie.

Ich gebe nach, wenn du nicht säumen willst.   1450

####### Arkas.

Schnell bin ich mit der Nachricht in dem Lager,
Und schnell mit seinen Worten hier zurück.
O könnt' ich ihm noch eine Botschaft bringen,
Die alles lös'te, was uns jetzt verwirrt!
Denn du hast nicht des Treuen Rath geachtet.   1455

####### Iphigenie.

Was ich vermochte, hab' ich gern gethan.

Arkas.

Noch änderst du den Sinn zur rechten Zeit.

Iphigenie.

Das steht nun einmal nicht in unsrer Macht.

Arkas.

Du hältst unmöglich, was dir Mühe kostet.

Iphigenie.

Dir scheint es möglich, weil der Wunsch dich trägt. 1460

Arkas.

Willst du denn alles so gelassen wagen?

Iphigenie.

Ich hab' es in der Götter Hand¹ gelegt.

Arkas.

Sie pflegen Menschen menschlich zu erretten.

Iphigenie.

Auf ihren Fingerzeig kommt alles an.

Arkas.

Ich sage dir, es liegt in deiner Hand.   1465
Des Königs aufgebrachter Sinn allein
Bereitet diesen Fremden bittern Tod.
Das Heer entwöhnte längst vom harten Opfer
Und von dem blut'gen Dienste sein Gemüth.
Ja, mancher, den ein widriges Geschick   1470
An fremdes Ufer trug, empfand es selbst,
Wie göttergleich dem armen Irrenden,
Umhergetrieben an der fremden Gränze,
Ein freundlich Menschenangesicht begegnet.
O, wende nicht von uns, was du vermagst!   1475

1. In der Götter Hand. Schiller dit, d'aprés von *Guillaume Tell*, acte I, sc. 4 : Doch besser ist's. Ihr fallt in Gottes Hand. Als in der Menschen! Iphigénie s'elève bien loin au-dessus de la raison pratique d'Arcas. Sauvée par un dieu, elle compte encore sur le secours des dieux plus que sur la vaine prudence des hommes.

Du endeſt leicht, was du begonnen haſt:
Denn nirgends baut die Milde, die herab
In menſchlicher Geſtalt vom Himmel kommt,
Ein Reich ſich ſchneller, als wo trüb' und wild   1480
Ein neues Volk, voll Leben, Muth und Kraft,
Sich ſelbſt und banger Ahnung überlaſſen,
Des Menſchenlebens ſchwere Bürden trägt.

Iphigenie.

Erſchütt're meine Seele nicht, die du
Nach deinem Willen nicht bewegen kannſt.

Arkas.

So lang es Zeit iſt, ſchont man weder Mühe,   1485
Noch eines guten Wortes Wiederholung.

Iphigenie.

Du machſt dir Müh' und mir erregſt du Schmerzen;
Vergebens beides; darum laß mich nun!

Arkas.

Die Schmerzen ſind's, die ich zu Hülfe rufe;
Denn es ſind Freunde; Gutes rathen ſie.   1490

Iphigenie.

Sie faſſen meine Seele mit Gewalt,
Doch tilgen ſie den Widerwillen nicht.

Arkas.

Fühlt eine ſchöne Seele Widerwillen
Für eine Wohlthat, die der Edle reicht?

Iphigenie.

Ja, wenn der Edle, was ſich nicht geziemt,   1495
Statt meines Dankes mich erwerben will.

Arkas.

Wer keine¹ Neigung fühlt, dem mangelt es

---

1. **Wer keine.** Dans l'I-
phigénie en prose: Wer keine Nei- | gung fühlt, iſt an Entſchuldigung
                                      | reich.

An einem Worte der Entschuld'gung nie.
Dem Fürsten sag' ich an, was hier geschehn.
O, wiederholtest du in deiner Seele,   1500
Wie edel er sich gegen dich betrug,
Von deiner Ankunft an bis diesen Tag!

Dritter Auftritt.

Iphigenie (allein).

Von dieses Mannes Rede fühl' ich mir
Zur ungelegnen Zeit das Herz im Busen
Auf einmal umgewendet.   Ich erschrecke! —   1505
Denn wie die Fluth, mit schnellen Strömen wachsend,
Die Felsen überspült, die in dem Sand
Am Ufer liegen, so bedeckte ganz
Ein Freudenstrom mein Innerstes.   Ich hielt
In meinen Armen das Unmögliche.   1510
Es schien sich eine Wolke wieder sanft
Um mich zu legen, von der Erde mich
Emporzuheben und in jenen Schlummer
Mich einzuwiegen, den die gute Göttin
Um meine Schläfe legte, da ihr Arm   1515
Mich rettend faßte. — Meinen Bruder
Ergriff das Herz mit einziger Gewalt:
Ich horchte nur auf seines Freundes Rath;
Nur sie zu retten drang die Seele vorwärts.
Und wie den Klippen einer wüsten Insel   1520
Der Schiffer gern den Rücken wendet, so
Lag Tauris hinter mir. Nun hat die Stimme

Des treuen Manns mich wieder aufgeweckt,
Daß ich auch Menschen hier verlasse, mich
Erinnert. Doppelt wird mir der Betrug   1525
Verhaßt. O bleibe ruhig, meine Seele!
Beginnst du nun zu schwanken und zu zweifeln?
Den festen Boden deiner Einsamkeit
Mußt du verlassen! Wieder eingeschifft,
Ergreifen dich die Wellen schaukelnd, trüb'   1530
Und bang verkennest du die Welt und dich.

———

Vierter Auftritt.

Iphigenie. Pylades.

Pylades.

Wo ist sie? daß ich ihr mit schnellen Worten
Die frohe Botschaft unsrer Rettung bringe!

Iphigenie.

Du siehst mich hier voll Sorgen und Erwartung
Des sichern Trostes, den du mir versprichst.   1535

Pylades.

Dein Bruder ist geheilt! Den Felsenboden
Des ungeweihten Ufers und den Sand
Betraten wir mit fröhlichen Gesprächen;
Der Hain¹ blieb hinter uns, wir merkten's nicht,

1. Der Hain Oreste est donc entièrement délivré des Furies, puisqu'elles ne peuvent plus l'atteindre, alors qu'il est sorti de l'enceinte sacrée, qui jusqu'à présent pouvait seule le protéger. Les vers de Pylade expriment toute la joie que lui cause la délivrance d'Oreste et l'ardeur juvénile qui est rentrée dans l'âme de son ami

Und herrlicher und immer herrlicher 1540
Umloderte der Jugend schöne Flamme
Sein lockig Haupt; sein volles Auge glühte
Von Muth und Hoffnung, und sein freies Herz
Ergab sich ganz der Freude, ganz der Luft,
Dich, seine Retterin, und mich zu retten. 1545

Iphigenie.

Gesegnet seist du, und es möge nie
Von deiner Lippe, die so Gutes sprach,
Der Ton des Leidens und der Klage tönen!

Pylades.

Ich bringe mehr als das; denn schön begleitet,
Gleich einem Fürsten, pflegt das Glück zu nahn. 1550
Auch die Gefährten[1] haben wir gefunden;
In einer Felsenbucht verbargen sie
Das Schiff und faßen traurig und erwartend.
Sie sahen deinen Bruder, und es regten
Sich alle jauchzend, und sie baten dringend, 1555
Der Abfahrt Stunde zu beschleunigen.
Es sehnet jede Faust sich nach dem Ruder[2],
Und selbst ein Wind erhob vom Lande lispelnd,
Von allen gleich bemerkt, die holden Schwingen[3].
Drum laß uns eilen, führe mich[4] zum Tempel, 1560

---

1. Die Gefährten. Il n'a pas encore été parlé de ces compagnons. Oreste et Pylade avaient seuls quitté le rivage, pour remplir les ordres d'Apollon, et enlever la statue de Diane, sa sœur. Le poete rappelle ici seulement la presence des compagnons, parce qu'ils deviennent utiles en ce moment, et qu'ils ne l'étaient pas auparavant.

2. Es sehnet ... Ruder. littéralement: chaque poing (bras) se souhaite vers la rame, c'est-a-dire chaque main brûle du désir de prendre la rame.

3. Ein Wind erhob ... die holden Schwingen, un vent élève ses ailes propices.

4. Laß uns ... führe mich ... Laß .. Ces imperatifs accumulés peignent bien l'ardeur de Pylade, toute la vivacité de ce caractere resolu.

Laß mich das Heiligthum betreten, laß
Mich unsrer Wünsche Ziel verehrend fassen!
Ich bin allein genug, der Göttin Bild
Auf wohlgeübten[1] Schultern wegzutragen;
Wie sehn' ich mich nach der erwünschten Last!　　　1565

(Er geht gegen den Tempel unter den letzten Worten, ohne zu bemerken,
daß Iphigenie nicht folgt; endlich kehrt er sich um.)

Du stehst und zauderst! — Sage mir! — Du schweigst;
Du scheinst verworren! Widersetzet sich
Ein neues Unheil unserm Glück? Sag' an!
Hast du dem Könige das kluge Wort
Vermelden lassen, das wir abgeredet?　　　1570

Iphigenie.

Ich habe, theurer Mann; doch wirst du schelten.
Ein schweigender Verweis war mir dein Anblick!
Des Königs Bote kam, und wie du es
Mir in den Mund gelegt, so sagt' ich's ihm.
Er schien zu staunen, und verlangte dringend,　　　1575
Die seltne Feier[2] erst dem Könige
Zu melden, seinen Willen zu vernehmen;
Und nun erwart' ich seine Wiederkehr.

Pylades.

Weh uns! Erneuert schwebt nun die Gefahr

---

1. **Wohlgeübten** rappelle les mâles exercices auxquels se livraient Pylade et Oreste, en poursuivant les bêtes fauves à travers les montagnes et les vallées. Wenn wir zusammen auf dem Wilde nach Tod und Berg und Thaler rannten.... (Acte II, sc. 1.)

2. **Die seltne Feier.** Cette cérémonie extraordinaire, c'est-à-dire la purification de la statue de Diane souillée, disait Iphigénie, par la présence, dans l'intérieur du temple, d'une victime couverte du sang de son frère; c'est le pré texte dont se sert la prêtresse pour écarter tous les témoins et arriver librement jusqu'au bord de la mer. Maintenant qu'elle a promis d'attendre le retour d'Arcas, elle ne veut pas blesser le roi par un double mensonge.

Um unsre Schläfe! Warum haſt du nicht   1580
In's Prieſterrecht dich weislich eingehüllt?

Iphigenie.

Als eine Hülle hab' ich's nie gebraucht.

Pylades.

So wirſt du, reine Seele, dich und uns
Zu Grunde richten. Warum dacht' ich nicht
Auf dieſen Fall voraus, und lehrte dich,   1585
Auch dieſer Ford'rung auszuweichen!

Iphigenie.

Schilt

Nur mich! Die Schuld iſt mein, ich fühl' es wohl;
Doch konnt' ich anders nicht dem Mann begegnen,
Der mit Vernunft und Ernſt von mir verlangte,
Was ihm mein Herz als Recht geſtehen mußte.   1590

Pylades.

Gefährlicher zieht ſich's zuſammen; doch auch ſo
Laß uns nicht zagen, oder unbeſonnen
Und übereilt uns ſelbſt verrathen. Ruhig
Erwarte du die Wiederkunft des Boten,
Und dann ſteh' feſt, er bringe, was er will!   1595
Denn ſolcher Weihung Feier anzuordnen
Gehört der Prieſterin und nicht dem König.
Und fordert er, den fremden Mann zu ſehn,
Der von dem Wahnſinn ſchwer belaſtet iſt;
So lehn' es ab, als hielteſt du uns beide   1600
Im Tempel wohl verwahrt. So ſchaff' uns Luft,
Daß wir auf's eiligſte, den heil'gen Schatz
Dem rauh unwürd'gen¹ Volk entwendend, fliehn.

---

1 Dem rauh unwürdigen.   afin de mieux vaincre les scru-
Pylade accumule les épithètes.   pules d'Iphigénie; il met d'un

Die besten Zeichen sendet uns Apoll,
Und eh' wir die Bedingung fromm erfüllen,'   1605
Erfüllt er göttlich sein Versprechen schon.
Orest ist frei, geheilt! — Mit dem Befreiten
O führet uns hinüber, günst'ge Winde,
Zur Felseninsel', die der Gott bewohnt!
Dann nach Mycen, daß es lebendig² werde,   1610
Daß von der Asche des verloschnen Herdes
Die Vatergötter fröhlich sich erheben,
Und schönes Feuer ihre Wohnungen
Umleuchte! Deine Hand soll ihnen Weihrauch
Zuerst aus goldnen Schalen streuen. Du   1615
Bringst über jene Schwelle Heil und Leben wieder,
Entsühnst den Fluch und schmückest neu die Deinen
Mit frischen Lebensblüthen herrlich aus.

Iphigenie.

Vernehm' ich dich, so wendet sich, o Theurer,
Wie sich die Blume nach der Sonne wendet,   1620
Die Seele, von dem Strahle deiner Worte
Getroffen, sich dem süßen Troste nach.
Wie köstlich ist des gegenwärt'gen Freundes
Gewisse Rede, deren Himmelskraft

---

côté la barbarie, l'impiété des Tau-
riens ; de l'autre la volonté d'Apollon qui accomplit ses promesses,
en délivrant Oreste du cortège des
Furies. L'enlèvement sacré n'est
pas encore accompli, et déjà
Apollon, sûr de la constance de
ses messagers, a payé d'avance le
prix de leur piété. Hésiter encore
serait un sacrilége. Pylade commence la période suivante par Mit
dem Befreiten, afin de frapper plus

fortement l'esprit d'Iphigénie en
lui montrant le salut de son frère
attaché à la célérité de leur fuite.
  1. Die Felseninsel, l'île
des rochers, Délos.
  2. Daß es lebendig. Ces
beaux vers étaient à peine indi-
qués dans la pièce en prose où
nous lisons : Lebendig wird Mycen
nur du, o beste, wendest durch deine
unverwelkte Gegenwart den Segen
auf Atreus' Haus zurück.

Ein Einsamer entbehrt und still versinkt!   1625
Denn langsam reist, verschlossen in dem Busen,
Gedank' ihm und Entschluß; die Gegenwart
Des Liebenden entwickelte sie leicht.

Pylades.

Leb' wohl! Die Freunde will ich nun geschwind
Beruhigen, die sehnlich wartend harren[1].   1630
Dann komm' ich schnell zurück und lausche hier
Im Felsenbusch versteckt auf deinen Wink. —
Was sinnest du? Auf einmal überschwebt
Ein stiller Trauerzug die freie Stirne.

Iphigenie.

Verzeih'! wie leichte Wolken von der Sonne,   1635
So zieht mir vor der Seele leichte Sorge
Und Bangigkeit vorüber.

Pylades.
Fürchte nicht!

Betrüglich schloß die Furcht mit der Gefahr
Ein enges Bündniß; beide sind Gesellen.

Iphigenie.

Die Sorge nenn' ich edel, die mich warnt,   1640
Den König, der mein zweiter Vater ward,
Nicht tückisch zu betrügen[2], zu berauben.

Pylades.
Der deinen Bruder schlachtet, dem entfliehst du.

Iphigenie.
Es ist derselbe, der mir Gutes that.

---

1. Sehnlich wartend har-
ren exprime bien l'impatience de
ceux qui attendent.
2. Iphigénie se reproche à
elle-même sa dissimulation envers
le roi, son bienfaiteur. Pour relever sa faute, elle emploie des mots
très-durs : tückisch, betrugen.

Pylades.

Das ist nicht Undank, was die Noth gebeut.   1645

Iphigenie.

Es bleibt wohl Undank; nur die Noth entschuldigt's.

Pylades.

Vor Göttern und vor Menschen dich gewiß.

Iphigenie.

Allein mein eigen Herz ist nicht befriedigt.

Pylades.

Zu strenge Ford'rung ist verborgner Stolz.

Iphigenie.

Ich untersuche nicht, ich fühle nur.   1650

Pylades.

Fühlst du dich recht, so mußt du dich verehren.

Iphigenie.

Ganz unbefleckt genießt sich nur das Herz.

Pylades.

So hast du dich im Tempel wohl bewahrt:
Das Leben lehrt uns[1], weniger mit uns
Und andern strenge sein; du lernst es auch.   1655
So wunderbar ist dieß Geschlecht[2] gebildet,
So vielfach ist's verschlungen und verknüpft,
Daß keiner in sich selbst, noch mit den andern
Sich rein und unverworren halten kann.
Auch sind wir nicht bestellt, uns selbst zu richten;   1660
Zu wandeln und auf seinen Weg zu sehn,
Ist eines[3] Menschen erste, nächste Pflicht:

---

1. Das Leben lehrt uns. Cette pensée étoit exprimée déjà dans la pièce en prose où il est dit: Vor Menschen ist das Halbbefleckte rein.

2. Dieß (pour dieses) Geschlecht, cette race, la race que nous voyons, celle des mortels.

3. Ist eines. En prose: Ist der Mensch bestimmt.

Denn selten schätzt er recht, was er gethan,
Und was er thut, weiß er fast nicht zu schätzen.

Iphigenie.

Fast überred'st du mich zu deiner Meinung.   1665

Pylades.

Braucht's Ueberredung, wo die Wahl versagt ist?
Den Bruder, dich, und einen Freund zu retten,
Ist nur Ein Weg; fragt sich's, ob wir ihn gehen?

Iphigenie.

O, laß mich zaudern! denn du thätest selbst
Ein solches Unrecht keinem Mann gelassen,   1670
Dem du für Wohlthat dich verpflichtet hieltest.

Pylades.

Wenn wir zu Grunde gehen, wartet dein
Ein härtrer Vorwurf, der Verzweiflung trägt.
Man sieht, du bist nicht an Verlust gewohnt,
Da du, dem großen Uebel zu entgehen,   1675
Ein falsches Wort nicht einmal opfern willst.

Iphigenie.

O, trüg' ich doch ein männlich Herz in mir!
Das, wenn es einen kühnen Vorsatz hegt,
Vor jeder andern Stimme sich verschließt.

Pylades.

Du weigerst dich umsonst; die eh'rne Hand   1680
Der Noth gebietet, und ihr ernster Wink
Ist oberstes Gesetz, dem Götter selbst
Sich unterwerfen müssen. Schweigend herrscht
Des ew'gen Schicksals unberathne Schwester.
Was sie dir auferlegt, das trage! thu',   1685
Was sie gebeut! Das andre weißt du. Bald
Komm' ich zurück, aus deiner heil'gen Hand
Der Rettung schönes Siegel zu empfangen.

Fünfter Auftritt.

Iphigenie (allein).

Ich muß ihm folgen; denn die Meinigen
Seh' ich in dringender Gefahr. Doch ach!   1693
Mein eigen Schicksal macht mir bang und bänger[1].
O, soll ich nicht die stille Hoffnung retten[2],
Die in der Einsamkeit ich schon genährt?
Soll dieser Fluch denn ewig walten? Soll
Nie dieß Geschlecht mit einem neuen Segen   1695
Sich wieder heben? — Nimmt doch alles ab[3]!
Das beste Glück, des Lebens schönste Kraft
Ermattet endlich! warum nicht der Fluch?
So hofft' ich denn vergebens, hier verwahrt,
Von meines Hauses Schicksal abgeschieden,   1700
Dereinst mit reiner Hand und reinem Herzen[4]
Die schwer befleckte Wohnung zu entsühnen[5]!

1. **Bang und bänger.** La locution *de plus en plus*, suivie d'un adjectif, se rend ici par l'adjectif au positif suivi de l'adjectif au comparatif; plus souvent on met les deux adjectifs au comparatif que l'on fait précéder de l'adverbe immer. Le comparatif de bang est banger ou bänger. Le mot lui-même est formé de la particule be et de la racine aug (latin *angustus*) qui forme aussi l'adjectif eng, étroit.

2. **Eine Hoffnung retten** est une locution belle et hardie. La suite l'explique clairement. Cette espérance qu'Iphigénie veut sauver (c'est-à-dire réaliser), est celle de réconcilier sa race avec les dieux, et de lui rendre cette paix qu'une antique malédiction en avait bannie depuis si longtemps.

3. **Nimmt doch alles ab.** Ce changement de toute chose est un thème que les poètes ont souvent développé.

4. **Mit reinem Herzen.** Le poète répète souvent ces locutions : reine Hand; reines Herz. Il nous apprend par là qu'Iphigénie, dont la main et le cœur étaient restés purs de tout crime, pouvait seule réconcilier avec les dieux la race de Tantale.

5. **Entsühnen ou entsöhnen,** purifier (délivrer du péché).

Kaum wird in meinen Armen mir ein Bruder
Vom grimm'gen Uebel wundervoll und schnell
Geheilt, kaum naht ein lang erflehtes Schiff, 1705
Mich in den Port der Vaterwelt¹ zu leiten,
So legt die taube Noth ein doppelt Laster
Mit eh'rner Hand mir auf: das heilige,
Mir anvertraute, vielverehrte Bild
Zu rauben und den Mann zu hintergehn, 1710
Dem ich mein Leben und mein Schicksal danke.
O, daß in meinem Busen nicht zuletzt
Ein Widerwille keime, der Titanen,
Der alten Götter, tiefer Haß auf euch,
Olympier, nicht auch die zarte Brust 1715
Mit Geierklauen fasse! Rettet mich,
Und rettet euer Bild in meiner Seele!

Vor meinen Ohren tönt das alte Lied —
Vergessen hatt' ich's und vergaß es gern —
Das Lied der Parzen, das sie grausend sangen, 1720
Als Tantalus vom goldnen Stuhle fiel.
Sie litten mit dem edeln Freunde; grimmig
War ihre Brust, und furchtbar ihr Gesang.
In unsrer Jugend sang's die Amme mir
Und den Geschwistern vor; ich merkt' es wohl. 1725

Es fürchte² die Götter

---

1. **Vaterwelt** pour Va-
terland est un mot qui appartient
à Goethe, le poète; il l'a préféré au
mot ordinairement employé, parce
que la patrie est pour Iphigénie un
monde nouveau, le monde tout entier; elle semble dire par Vaterwelt
que sa chère Grèce mérite seule

ce beau nom: Vaterland, mot ap-
pliqué à tous les pays, ne rendait
pas assez vivement l'idée qu'elle
s'était formée de sa propre patrie.
2. **Es fürchte, ꝛc.** Goethe
aime à mettre dans la bouche de
ses héroïnes ces vieilles chansons,
qui calment les mouvements trop

Das Menschengeschlecht!
Sie halten die Herrschaft
In ewigen Händen,
Und können sie brauchen,   1730
Wie's ihnen gefällt.

Der fürchte sie doppelt,
Den je sie erheben!
Auf Klippen und Wolken
Sind Stühle bereitet   1735
Um goldene Tische.

Erhebet ein Zwist sich,
So stürzen die Gäste,
Geschmäht und geschändet,
In nächtliche Tiefen,   1740
Und harren vergebens,
Im Finstern gebunden,
Gerechten Gerichtes.

Sie aber, sie bleiben
In ewigen Festen   1745
An goldenen Tischen.
Sie schreiten vom Berge
Zu Bergen hinüber:

violents de l'âme, en rappelant les souvenirs des temps paisibles de l'enfance. — Ainsi Claire dans *Egmont :* Die Trommel gerühret, Das Pfeifchen gespielt ꝛc. (Acte I. sc. 6.) — Et acte III, sc. 2 : Freudvoll und leidvoll Gedankenvoll sein, ꝛc. — Les chansons de Marguerite dans *Faust* sont des chefs-d'œuvre ; ainsi le soir dans sa chambre : Es war ein König in Thule, ꝛc. Et plus loin, assise devant son rouet : Meine Ruh ist hin, mein Herz ist schwer! ꝛc. Remarquez aussi le changement si heureux du rhythme.

Aus Schlünden der Tiefe

Dampft ihnen der Athem   1750

Erstickter Titanen,

Gleich Opfergerüchen

Ein leichtes Gewölke[1].

Es wenden die Herrscher

Ihr segnendes Auge   1755

Von ganzen Geschlechtern,

Und meiden, im Enkel

Die ehmals geliebten

Still redenden Züge

Des Ahnherrn zu sehn.   1760

So sangen die Parzen;

Es horcht der Verbannte

In nächtlichen Höhlen,

Der Alte[2], die Lieder,

Denkt Kinder und Enkel,   1765

Und schüttelt das Haupt[3].

1. Ein leichtes Gewölke forme opposition avec Athem. Ce souffle des Titans, qui s'élève comme un encens agréable aux dieux, est une belle image tirée de la fable des Titans qui, ayant voulu escalader le ciel, furent précipités par Jupiter au fond du Tartare.

2. Der Alte, le vieux, c'est-à-dire Tantale.

3. Und schüttelt das Haupt. En songeant aux maux que son orgueil a préparés a sa race, et à l'impuissance où il est d'arrêter les forfaits qui s'y perpétuent de fils en fils. C'est une peinture saisissante du désespoir.

Fünfter Aufzug.

Erster Auftritt.

Thoas. Arkas.

Arkas.

Verwirrt muß ich gestehn, daß ich nicht weiß,
Wohin ich meinen Argwohn richten soll.
Sind's die Gefangnen, die auf ihre Flucht
Verstohlen sinnen? Ist's die Priesterin,   1770
Die ihnen hilft? Es mehrt sich das Gerücht,
Das Schiff, das diese beiden hergebracht,
Sei irgend noch in einer Bucht versteckt.
Und jenes Mannes Wahnsinn, diese Weihe,
Der heil'ge Vorwand dieser Zög'rung, rufen   1775
Den Argwohn lauter und die Vorsicht auf.

Thoas.

Es komme schnell die Priesterin herbei!
Dann geht, durchsucht das Ufer scharf und schnell
Vom Vorgebirge bis zum Hain der Göttin;
Verschonet seine heil'gen Tiefen! Legt   1780

1. Seine heiligen Tiefen. Thoas veut qu'on respecte le bois sacré, mais en même temps il ordonne de garder les issues du lieu saint, et de saisir les étrangers dès qu'ils quitteront l'asile qui les protège. Ces ordres témoignent de sa prudence et de sa piété.

Verdächt'gen Hinterhalt und greift sie an;
Wo ihr sie findet, faßt sie, wie ihr pflegt!

Zweiter Auftritt.

Thoas (allein).

Entsetzlich wechselt¹ mir der Grimm im Busen.
Erst gegen sie, die ich so heilig hielt;
Dann gegen mich, der ich sie zum Verrath   1785
Durch Nachsicht und durch Güte bildete.
Zur Sklaverei gewöhnt der Mensch sich gut,
Und lernet leicht gehorchen, wenn man ihn
Der Freiheit ganz beraubt. Ja, wäre sie
In meiner Ahnherrn rohe Hand gefallen,   1790
Und hätte sie der heil'ge Grimm verschont,
Sie wäre froh gewesen, sich allein
Zu retten, hätte dankbar² ihr Geschick
Erkannt und fremdes Blut vor dem Altar
Vergossen, hätte Pflicht genannt,   1795
Was Noth war. Nun lockt meine Güte
In ihrer Brust verwegnen Wunsch herauf.
Vergebens hofft' ich, sie mir zu verbinden;
Sie sinnt sich nun ein eigen Schicksal aus.

---

1. Entsetzlich wechselt.
Thoas tantôt s'emporte contre
Iphigénie, tantôt contre lui-même,
lui, dont la trop grande indul-
gence, selon sa pensée, a préparé
l'ingratitude de la prêtresse.

2. Hätte dankbar. Iphi-
génie traitée plus durement eût
été heureuse de sauver sa propre
vie, elle eût rempli ses sacrées
fonctions, et immolé sur l'autel
de Diane les victimes étrangères,
sans accuser de cruauté les habitants de la Tauride

Durch Schmeichelei' gewann sie mir das Herz: 1800
Nun widersteh' ich der, so sucht sie sich
Den Weg durch List und Trug, und meine Güte
Scheint ihr ein altverjährtes² Eigenthum.

———

Dritter Auftritt.

Iphigenie. Thoas.

Iphigenie.

Du forderst mich! was bringt dich zu uns her?

Thoas.

Du schiebst das Opfer auf; sag' an, warum? 1805

Iphigenie.

Ich hab' an Arkas³ alles klar erzählt.

Thoas.

Von dir möcht' ich es weiter noch vernehmen.

Iphigenie.

Die Göttin giebt dir Frist zur Ueberlegung.

Thoas.

Sie⁴ scheint dir selbst gelegen, diese Frist,

1. Schmeichelei. Le roi courroucé appelle flatterie, la douce et pure reconnaissance dont Iphigénie a toujours payé son hospitalité.

2. Altverjährt, usée par les années, c'est-à-dire, les bienfaits dont nous comblons les autres pendant un long espace de temps, finissent par paraître un droit, plutôt qu'un bienfait, aux yeux éblouis de celui qui les reçoit.

3. An Arkas. Après erzählen le nom de la personne se met d'ordinaire au datif sans préposition; l'emploi de an avec l'accusatif dans cette proposition est une licence poétique fort rare; c'est un gallicisme.

4. Sie est explétif. Ainsi Schiller a dit dans sa ballade die

Iphigenie.

Wenn dir das Herz zum grausamen Entschluß　　1810
Verhärtet ist, so solltest du nicht kommen!
Ein König der Unmenschliches verlangt,
Find't Diener g'nug, die gegen Gnad' und Lohn
Den halben Fluch der That begierig fassen;
Doch seine Gegenwart bleibt unbefleckt:　　1815
Er sinnt den Tod in einer schweren Wolke,
Und seine Boten bringen flammendes
Verderben auf des Armen Haupt hinab;
Er aber schwebt durch seine Höhen ruhig,
Ein unerreichter Gott, im Sturme fort.　　1820

Thoas.

Die heil'ge Lippe tönt ein wildes Lied.

Iphigenie.

Nicht Priesterin, nur Agamemnon's Tochter'.
Der Unbekannten Wort verehrtest du;
Der Fürstin willst du rasch gebieten? Nein!
Von Jugend auf hab' ich gelernt gehorchen,　　1825
Erst meinen Eltern und dann einer Gottheit.
Und folgsam fühlt' ich immer meine Seele
Am schönsten frei; allein dem harten Worte,
Dem rauhen Ausspruch eines Mannes mich
Zu fügen, lernt' ich weder dort noch hier.　　1830

Thoas.

Ein alt Gesetz, nicht ich, gebietet dir.

Variante: Wenn sie verrücken, die Kiel.

1. Nicht Priesterin, nur Agamemnon's Tochter. Ce n'est pas la prêtresse, c'est la fille d'Agamemnon qui vous parle de la sorte. Il y a là une ellipse dont on trouve peu d'autres exemples. Ce qui est digne de remarque c'est que cette ellipse, si hardie qu'elle soit, se trouve déjà dans l'*Iphigénie* en prose.

Iphigenie.

Wir fassen ein Gesetz begierig an,
Das unsrer Leidenschaft zur Waffe dient.
Ein andres spricht zu mir, ein älteres,
Mich dir zu widersetzen, das Gebot,　　　　　　1835
Dem jeder Fremde heilig ist.

Thoas.

Es scheinen die Gefangnen dir sehr nah
Am Herzen; denn vor Antheil und Bewegung
Vergissest du der Klugheit erstes Wort,
Daß man den Mächtigen nicht reizen soll.　　　1840

Iphigenie.

Red' oder schweig' ich, immer kannst du wissen,
Was mir im Herzen ist und immer bleibt.
Löst die Erinnerung des gleichen Schicksals
Nicht ein verschloßnes Herz zum Mitleid auf?
Wie mehr denn mein's! In ihnen seh' ich mich.　　1845
Ich habe vor'm Altare selbst gezittert,
Und feierlich umgab der frühe Tod
Die Knieende; das Messer zuckte schon,
Den lebenvollen Busen zu durchbohren;
Mein Innerstes entsetzte wirbelnd sich,　　　　1850
Mein Auge brach, und — ich fand mich gerettet.
Sind wir, was Götter gnädig uns gewährt,
Unglücklichen nicht zu erstatten schuldig?
Du weißt es, kennst mich, und du willst mich zwingen!

Thoas.

Gehorche deinem Dienste, nicht dem Herrn!　　　1855

1. Vor, à force de.
2. Ich habe... Le poète met dans la bouche d'Iphigénie le récit touchant de son sacrifice en Aulide. Elle fut sauvée par une divinité, et croit que c'est son devoir de sauver ceux que menace un pareil trépas.

Iphigenie.

Laß ab! Beschönige nicht die Gewalt,
Die sich der Schwachheit eines Weibes freut!
Ich bin so frei geboren als ein Mann.
Stünd' Agamemnon's Sohn dir gegenüber,
Und du verlangtest, was sich nicht gebührt: 1860
So hat auch er ein Schwert und einen Arm,
Die Rechte seines Busens zu vertheid'gen.
Ich habe nichts als Worte[1], und es ziemt
Dem edeln Mann, der Frauen Wort zu achten.

Thoas.

Ich acht' es mehr als eines Bruders Schwert. 1865

Iphigenie.

Das Loos der Waffen wechselt hin und her;
Kein kluger Streiter hält den Feind gering.
Auch ohne Hülfe gegen Trutz und Härte
Hat die Natur[2] den Schwachen nicht gelassen.
Sie gab zur List ihm Freude, lehrt' ihn Künste; 1870
Bald weicht er aus, verspätet und umgeht.
Ja, der Gewaltige verdient, daß man sie übt.

Thoas.

Die Vorsicht stellt der List sich klug entgegen.

Iphigenie.

Und eine reine Seele braucht sie nicht.

Thoas.

Sprich unbedutsam nicht dein eigen Urtheil! 1875

1. Ich habe nichts als Worte, moi je n'ai que mes paroles, Marie Stuart dit à Elisabeth: Mein Alles hängt, mein Leben, mein Geschick, An meiner Worte, meiner Thränen Kraft. (Acte III. sc. 4.)

2. Hat die Natur. Schiller, dans son Guillaume Tell, a exprimé en beaux vers cette même idée: ...Jedem Wesen ward Ein Nothgewehr in der Verzweiflung Angst, Es stellt sich der erschöpfte Hirsch und zeigt Der Meute sein gefurchtetes Geweih, &c. (Acte I. sc. 4.)

Iphigenie.

O, sähest' du, wie meine Seele kämpft,
Ein bös Geschick, das sie ergreifen will,
Im ersten Anfall muthig abzutreiben!
So steh' ich denn hier wehrlos gegen dich?
Die schöne Bitte, den anmuth'gen Zweig, 1830
In einer Frauen Hand gewaltiger
Als Schwert und Waffe, stößest du zurück:
Was bleibt mir nun, mein Inn'res zu vertheid'gen?
Ruf' ich die Göttin um ein Wunder an?
Ist keine Kraft in meiner Seele Tiefen? 1835

Thoas.

Es scheint, der beiden Fremden Schicksal macht
Unmäßig dich besorgt. Wer sind sie? sprich,
Für die dein Geist gewaltig sich erhebt!

Iphigenie.

Sie sind — sie scheinen — für Griechen halt' ich sie.

Thoas.

Landsleute sind es? und sie haben wohl 1890
Der Rückkehr schönes Bild in dir erneut!

Iphigenie (nach einigem Stillschweigen).

Hat denn zur unerhörten That der Mann

---

1. O sähest.... abzutreiben, puisses-tu voir quelles luttes mon âme soutient pour repousser les premiers assauts d'un funeste destin, qui cherche a la subjuguer.

2. Die schöne. Construisez: Du stößest zurück die schöne Bitte ꝛc. Pour le poète la prière est un rameau gracieux dans la main de la femme. Goethe fait aussi allusion aux rameaux que portaient les suppliants.

3. Sie sind, sie scheinen. Ces paroles entrecoupées ont paru aux meilleurs critiques allemands une petite tache dans cette belle scene. Ils pensent que le caractère élevé d'Iphigénie est incapable de l'incertitude dont ce langage est l'expression.

4. Hat denn zur. Iphigénie ne peut pas plus longtemps continuer le rôle qu'elle a joué malgré elle en cherchant a tromper

Allein das Recht? Drückt denn Unmögliches
Nur er an die gewalt'ge Heldenbrust?
Was nennt man groß? Was hebt die Seele schaudernd   1895
Dem immer wiederholenden Erzähler,
Als was mit unwahrscheinlichem Erfolg
Der Muthigste begann? Der in der Nacht¹
Allein das Heer des Feindes überschleicht,
Wie unversehen eine Flamme wüthend   1900
Die Schlafenden, Erwachenden ergreift,
Zuletzt, gedrängt von den Ermunterten,
Auf Feindespferden, doch mit Beute kehrt,
Wird der allein gepriesen? Der allein,
Der, einen sichern Weg verachtend, kühn   1905
Gebirg' und Wälder durchzustreifen geht,
Daß er von Räubern eine Gegend säub're?
Ist uns nichts übrig? muß ein zartes Weib²
Sich ihres angebor'nen Rechts entäußern,

le roi. Dans l'*Iphigénie* en prose ce passage commence ainsi: Haben denn Männer allein das Recht unerhörte Thaten zu thun und an gewaltige Brust das Unmögliche zu drucken? Was nennt man groß, was hebt die Seele schaudernd dem Erzähler ꝛc.

1. Der in der Nacht. Iphigénie a d'abord exprimé la pensée générale, elle ajoute maintenant d'illustres exemples et elle en choisit deux: le premier fait allusion à l'expédition nocturne, où Ulysse et Diomède envahissent le camp troyen et égorgent les guerriers de Rhésus dont ils enlèvent les rapides coursiers. Le second, commençant par Der allein, der ꝛc., rappelle les exploits des plus fameux héros, tels que Hercule et Thésée, qui purgèrent la terre des monstres et des brigands.

2. Muß ein zartes Weib. Tout ce passage appartient au style poétique, et ne laisse pas que de présenter quelque difficulté. En voici la traduction: Faut-il qu'une femme habituée à la douceur renonce, comme les Amazones, a ses penchants naturels; faut-il qu'elle réponde par la violence à la violence, qu'elle s'arroge le droit du glaive et venge son oppression par le sang? Voici ce même passage dans la prose, où la construction est plus simple: Muß ein Weib, wie jene Amazonen, ihr Geschlecht verläugnen, das Recht des Schwerts euch rauben und in eurem Blut die Unterdrückung rächen?

Wild gegen Wilde sein, wie Amazonen,   1916
Das Recht des Schwerts euch rauben und mit Blute
Die Unterdrückung rächen? Auf und ab
Steigt in der Brust ein kühnes Unternehmen:
Ich werde großem Vorwurf nicht entgehn,
Noch schwerem Uebel, wenn es mir mißlingt;   1918
Allein euch leg' ich's auf die Kniee¹! Wenn
Ihr wahrhaft seyd, wie Ihr gepriesen werdet,
So zeigt's durch euern Beistand und verherrlicht
Durch mich die Wahrheit! — Ja, vernimm, o König,
Es wird ein heimlicher Betrug geschmiedet;   1920
Vergebens fragst du den Gefangenen nach;
Sie sind hinweg und suchen ihre Freunde,
Die mit dem Schiff am Ufer warten, auf.
Der älteste, den das Uebel hier ergriffen
Und nun verlassen hat — es ist Orest,   1925
Mein Bruder, und der andre sein Vertrauter,
Sein Jugendfreund, mit Namen Pylades.
Apoll schickt sie von Delphi diesem Ufer
Mit göttlichen Befehlen zu, das Bild
Dianens wegzurauben und zu ihm   1930
Die Schwester hinzubringen, und dafür
Verspricht er dem von Furien Verfolgten,
Des Mutterblutes Schuldigen Befreiung.
Uns beide hab' ich nun, die Ueberbliebnen

1. Euch leg' ich's auf die Kniee, je le mets sur vos genoux; c'est une expression homérique qui signifie je le remets entre vos mains. Euch, vous, représente évidemment les dieux. Le substantif est supprimé par une ellipse hardie que nous avons déja signalée plus haut. La suite rend la phrase plus claire; wenn ihr ꝛc. Voici ce passage dans la pièce en prose: Euch leg' ich's auf die Kniee, und wenn ihr die wahrhaftigen seid, wie ihr gepriesen werdet, so zeigt's durch euern Beistand und verherrlicht die Wahrheit.

Von Tantal's Haus, in deine Hand gelegt: 1935
Verdirb uns — wenn du darfst!

Thoas.

Du glaubst, es höre
Der rohe Scythe, der Barbar, die Stimme
Der Wahrheit und der Menschlichkeit, die Atreus',[1]
Der Grieche nicht vernahm?

Iphigenie.

Es hört sie jeder,
Geboren unter jedem Himmel, dem   1940
Des Lebens Quelle durch den Busen rein
Und ungehindert fließt. — Was sinnst du mir,
O König, schweigend in der tiefen Seele?
Ist es Verderben, so tödte mich zuerst!
Denn nun empfind' ich, da uns keine Rettung   1945
Mehr übrig bleibt, die gräßliche Gefahr,
Worein ich die Geliebten übereilt
Vorsätzlich stürzte. Weh! ich werde sie
Gebunden vor mir sehn! Mit welchen Blicken
Kann ich von meinem Bruder Abschied nehmen,   1950
Den ich ermorde? Nimmer kann ich ihm
Mehr in die vielgeliebten Augen schau'n!

Thoas.

So haben die Betrüger, künstlich dichtend,
Der lang Verschloßnen, ihre Wünsche leicht
Und willig Glaubenden, ein solch Gespinnst   1955
Um's Haupt geworfen!

Iphigenie.

Nein! o König, nein!

---

1. Atreus. Cette amère allusion à la cruauté d'Atrée annonce le dépit de Thoas, en
même temps qu'elle fait pressentir le pardon qu'il accordera à
Iphigénie.

Ich könnte hintergangen werden; diese
Sind treu und wahr. Wirst du sie anders finden,
So laß sie fallen und verstoße mich,
Verbanne mich zur Strafe meiner Thorheit   1960
An einer Klippeninsel traurig Ufer!
Ist aber dieser Mann der lang erflehte,
Geliebte Bruder, so entlaß uns, sei
Auch den Geschwistern wie der Schwester freundlich!
Mein Vater fiel durch seiner Frauen Schuld,   1965
Und sie durch ihren Sohn. Die letzte Hoffnung
Von Atreus' Stamme ruht auf ihm allein.
Laß mich mit reinem¹ Herzen, reiner Hand
Hinübergehn und unser Haus entsühnen²!
Du hältst mir Wort! Wenn zu den Meinen je   1970
Mir Rückkehr zubereitet wäre, schwurst
Du mich zu lassen³: und sie ist es nun.
Ein König sagt nicht, wie gemeine Menschen,
Verlegen zu, daß er den Bittenden
Auf einen Augenblick entferne; noch   1975
Verspricht er auf den Fall, den er nicht hofft:
Dann fühlt er erst die Höhe seiner Würde,
Wenn er den Harrenden beglücken kann.

Thoas.

Unwillig, wie sich Feuer gegen⁴ Wasser

---

1. Laß mich mit reinem. Nous avons vu plus haut déja mit reinem Herzen, mit reiner Hand. — Dereinst mit reiner Hand und reinem Herzen Die schwerbefleckte Wohnung zu entsühnen.

2. Entsühnen, expier; synonime de sühnen ou de söhnen, réconcilier. Nous trouvons trois fois ce verbe dans la tragédie de Goethe: Entsühnst den Fluch und schmückest neu die Deinen mit frischen Lebensbluthen herrlich aus.

3. Lassen pour entlassen, laisser partir.

4. Wie sich Feuer gegen x. Cette belle figure rappelle ce vers du *Plongeur* de Schiller: Wie wenn Wasser mit Feuer sich mengt.

Im Kampfe wehrt und zischend seinen Feind   1980
Zu tilgen sucht, so wehret sich der Zorn
In meinem Busen gegen deine Worte.

Iphigenie.

O, laß die Gnade, wie das heil'ge Licht
Der stillen Opferflamme, mir, umkränzt
Von Lobgesang und Dank und Freude, lodern!   1985

Thoas.

Wie oft besänftigte mich diese Stimme!

Iphigenie.

O reiche mir die Hand zum Friedenszeichen!

Thoas.

Du forderst viel in einer kurzen Zeit.

Iphigenie.

Um Gut's zu thun, braucht's keiner Ueberlegung.

Thoas.

Sehr viel! denn auch dem Guten folgt das Uebel.   1990

Iphigenie.

Der Zweifel ist's, der Gutes böse macht.
Bedenke nicht; gewähre, wie du's fühlst!

Vierter Auftritt.

Orest gewaffnet. Die Vorigen.

Orest (nach der Scene gekehrt).

Verdoppelt eure Kräfte! haltet sie!
Zurück! Nur wenig Augenblicke! Weicht

---

1 Ils se rapporte évidemment aux habitants de la Tauride réunis en foule, pour s'opposer au départ des étrangers.

Der Menge nicht, und deckt den Weg zum Schiffe   1995
Mir und der Schwester!

(Zu Iphigenien, ohne den König zu sehen.)

Komm'! wir sind verrathen.

Geringer Raum bleibt uns zur Flucht.   Geschwinde!

(Er erblickt den König.)

Thoas (nach dem Schwerte greifend).

In meiner[1] Gegenwart führt ungestraft
Kein Mann das nackte Schwert.

Iphigenie.

Entheiliget

Der Göttin Wohnung nicht durch Wuth und Mord!   2000
Gebietet euerm Volke Stillstand, höret
Die Priesterin, die Schwester!

Orest.

Sage mir!

Wer ist es, der uns droht?

Iphigenie.

Verehr' in ihm

Den König, der mein zweiter Vater ward!
Verzeih' mir, Bruder! doch mein kindlich Herz   2005
Hat unser ganz Geschick in seine Hand
Gelegt. Gestanden[2] hab' ich euern Anschlag,
Und meine Seele vom Verrath gerettet.

Orest.

Will er die Rückkehr friedlich uns gewähren?

Iphigenie.

Dein blinkend[3] Schwert verbietet mir die Antwort.   2010

---

1. In meiner. Cette loi sur-
prend chez un peuple barbare et
guerrier de l'antiquité; mais
Gœthe donne volontiers aux vé-
rités modernes les couleurs poétiques de l'antiquité.

2. Gestanden étant le mot es-
sentiel de la phrase, occupe aussi
la première place. Cette inversion
de rencontre fréquemment.

3. Blinkend, comme plus
haut nackt, marque l'épée nue.

Oreſt (der das Schwert einſteckt).
So ſprich' Du ſtehſt, ich horche¹ deinen Worten.

Fünfter Auftritt.

Die Vorigen. Pylades, bald nach ihm Arkas;
beide mit bloßen Schwertern

Pylades.

Verweilet nicht! Die letzten Kräfte raffen
Die Unſrigen zuſammen; weichend werden
Sie nach der See langſam zurückgedrängt.
Welch ein Geſpräch der Fürſten find' ich hier! 2015
Dieß iſt des Königes verehrtes Haupt!

Arkas.

Gelaſſen, wie es dir, o König, ziemt,
Stehſt du den Feinden gegenüber. Gleich
Iſt die Verwegenheit beſtraft; es weicht
Und fällt ihr Anhang², und ihr Schiff iſt unſer. 2020
Ein Wort von dir, ſo ſteht's³ in Flammen.

Thoas.

Geh'!

Gebiete Stillſtand meinem Volke! Keiner
Beſchädige den Feind, ſo lang wir reden!

(Arkas ab.)

---

1. Horchen ſignifie prêter l'oreille, écouter; en poésie seulement il est quelquefois employé pour gehorchen, et ſignifie obéir. Horchen est un verbe fréquentatif; il est formé de hören, entendre; ce dernier vient de Ohr, oreille.

2. Ihr Anhang, tous ceux qui se rattachent à eux, leurs partisans, leurs compagnons.

3. So ſteht's. Ce présent, mis pour le futur, exprime toute la promptitude avec laquelle sera exécuté l'ordre du roi.

8

Orest.

Ich nehm' es an. Geh', sammle, treuer Freund,
Den Rest des Volkes! harret still, welch Ende   2025
Die Götter unsern Thaten zubereiten!

(Pylades ab.)

Sechster Auftritt.

Iphigenie. Thoas. Orest.

Iphigenie.

Befreit von Sorge mich, eh' ihr zu sprechen
Beginnet! Ich befürchte bösen Zwist,
Wenn du, o König, nicht der Billigkeit
Gelinde Stimme hörest, du[1], mein Bruder,   2030
Der raschen Jugend nicht gebieten willst[2].

Thoas.

Ich halte meinen Zorn, wie es dem Aeltern
Geziemt, zurück. Antworte mir! Womit
Bezeugst du, daß du Agamemnon's Sohn
Und dieser[3] Bruder bist?

Orest.

Hier ist das Schwert,   2035
Mit dem er Troja's tapfre Männer schlug.
Dieß nahm ich seinem Mörder[4] ab, und bat

---

1. **Du.** Devant du il faut sous-entendre la conjonction wenn exprimée devant le premier membre de la phrase.

2. **Gebieten willst.** Dans la première partie de la phrase, Iphigénie parlant au roi emploie hörest; en parlant à sonfrère, elle dit gebieten willst, tournure plus familière que la forme simple hörest.

3. **Dieser,** de celle-ci, c'est-a-dire d'Iphigénie.

4. **Seinem Mörder,** à son meurtrier, à Egisthe, qui avait frappé Agamemnon avec le glaive illustre du héros lui-même.

Die Himmlischen, den Muth und Arm, das Glück
Des großen Königes mir zu verleihn,
Und einen schönern Tod mir zu gewähren.   2040
Wähl' einen aus den Edeln deines Heers
Und stelle mir den besten gegenüber!
So weit die Erde Heldensöhne nährt,
Ist keinem Fremdling dieß Gesuch verweigert.

Thoas.

Dieß Vorrecht hat die alte Sitte nie   2045
Dem Fremden hier gestattet.

Orest.

                    So beginne
Die neue Sitte denn von dir und mir!
Nachahmend heiliget ein ganzes Volk
Die edle That der Herrscher zum Gesetz.
Und laß mich nicht allein für unsre Freiheit,   2050
Laß mich, den Fremden, für die Fremden kämpfen!
Fall' ich, so ist ihr Urtheil mit dem meinen
Gesprochen; aber gönnet mir das Glück
Zu überwinden, so betrete nie
Ein Mann dieß Ufer, dem der schnelle Blick   2055
Hülfreicher Liebe nicht begegnet, und
Getröstet scheide jeglicher hinweg!

Thoas.

Nicht unwerth scheinest du, o Jüngling, mir

---

1. Des großen Königs, du
grand roi, d'Agamemnon.
2. Heldensöhne, fils de héros, enfants héroïques. Schiller
emploie ce mot dans sa *Jeanne
d'Arc*: Errettung bringen Frank-
reichs Heldensöhnen. (Prolog, Sc. 4.)
3. Heiliget... zum Gesetz,

littéralement, sanctifie en loi, se
fait une loi sainte.
4. Laß mich, den Frem-
den.... Encore des idées modernes : la charité, la douceur,
comme plus haut cette nouvelle
loi qu'Oreste réclame pour prix
de sa victoire.

Der Ahnherrn, deren du dich rühmst, zu sein.
Groß ist die Zahl der edeln, tapfern Männer,   2060
Die mich begleiten; doch ich stehe selbst
In meinen Jahren noch dem Feinde, bin
Bereit, mit dir der Waffen Loos zu wagen.

Iphigenie.

Mit nichten[1]! Dieses blutigen Beweises
Bedarf es nicht, o König! Laßt die Hand   2065
Vom Schwerte! Denkt an mich und mein Geschick!
Der rasche Kampf verewigt einen Mann:
Er falle gleich, so preiset ihn das Lied.
Allein die Thränen, die unendlichen,
Der überbliebnen, der verlaßnen Frau   2070
Zählt keine Nachwelt, und der Dichter schweigt
Von tausend durchgeweinten Tag'[2] und Nächten,
Wo eine stille Seele den verlor'nen,
Rasch abgeschiednen Freund vergebens sich
Zurückzurufen bangt[3] und sich verzehrt.   2075
Mich selbst[4] hat eine Sorge gleich gewarnt,
Daß der Betrug nicht eines Räubers mich
Vom sichern Schutzort reiße, mich der Knechtschaft

1. Mit nichten est plus expressif que nein.

2. Tag' pour Tagen est une licence poétique, qu'on rencontre rarement.

3. Sich bangt, se tourmente; le pronom sich pourrait aussi être rapporté à zurückzurufen. Dans le dictionnaire des Grimm, ces vers sont cités parmi les exemples qui renferment le verbe simple bangen; puis, sous la rubrique sich bangen, il est dit que dans ce vers de Gœthe, sich pourrait appar-

tenir à bangen aussi bien qu'à zurückzurufen. Vielleicht ist auch in der angeführten Stelle das sich nicht auf zurückrufen, sondern auf bangen zu ziehen. Schiller exprime le même sentiment: Und an die Angst der Hausfrau denkst du nicht, Die sich indessen deiner wartend härmt. (Guillaume Tell, acte III, sc. 4.)

4. Mich selbst... Knechtschaft, moi-même, j'ai craint tout d'abord que la perfidie de quelque ravisseur ne m'arrachât à ces lieux pour me réduire à l'esclavage.

Verrathe. Fleißig hab' ich sie befragt,
Nach jedem Umstand mich erkundigt, Zeichen 2080
Gefordert, und gewiß ist nun mein Herz.
Sieh hier an seiner rechten Hand¹ das Mal
Wie von drei Sternen, das am Tage schon
Da er geboren ward, sich zeigte; das
Auf schwere That, mit dieser Faust zu üben, 2085
Der Priester deutete². Dann überzeugt
Mich doppelt diese Schramme, die ihm hier
Die Augenbraune spaltet. Als ein Kind
Ließ ihn Elektra, rasch und unvorsichtig
Nach ihrer Art³, aus ihren Armen stürzen. 2090
Er schlug auf einen Dreifuß auf. — Er ist's! —
Soll ich dir noch die Aehnlichkeit des Vaters,
Soll ich das inn're Jauchzen meines Herzens
Dir auch als Zeugen der Versich'rung nennen?

Thoas.

Und büße deine Rede jeden Zweifel, 2095
Und bändigt' ich den Zorn in meiner Brust,
So würden doch die Waffen zwischen uns
Entscheiden müssen: Frieden seh' ich nicht.
Sie sind gekommen, du bekennest selbst,
Das heil'ge Bild der Göttin mir zu rauben. 2100
Glaubt ihr, ich sehe dieß gelassen an?
Der Grieche wendet oft sein lüstern Auge

---

1. An seiner rechten Hand. Iphigénie montre au roi certains signes, auxquels elle a plus particulièrement reconnu son frère.

2. Deutete. Ainsi le prêtre était appelé sans doute pour bénir le nouveau-né, et cette marque rouge, qui formait comme une triple étoile de feu, présageait des événements funestes.

3. Nach ihrer Art. Cette vivacité, cette ardeur est conforme au caractère d'Electre, tel que nous l'ont transmis les poètes de l'antiquité, et le trait cité par Goethe est bien choisi.

Den fernen Schätzen der Barbaren zu,
Dem goldnen Felle[1], Pferden, schönen Töchtern;
Doch führte sie Gewalt und List nicht immer   2105
Mit den erlangten Gütern glücklich heim.

Orest.

Das Bild, o König, soll uns nicht entzweien!
Jetzt kennen wir den Irrthum, den ein Gott
Wie einen Schleier[2] um das Haupt uns legte,
Da er den Weg hierher uns wandern hieß.   2110
Um Rath und um Befreiung bat ich ihn
Von dem Geleit der Furien; er sprach:
„Bringst du[3] die Schwester, die an Tauris' Ufer
Im Heiligthume wider Willen bleibt,
Nach Griechenland, so löset sich der Fluch."   2115
Wir legten's von Apollens Schwester aus,
Und er gedachte[4] dich! Die strengen Bande
Sind nun gelöst; du bist den Deinen wieder,
Du Heilige, geschenkt.   Von dir berührt,
War ich geheilt: in deinen Armen faßte   2120
Das Uebel mich mit allen seinen Klauen[5]

---

1. Dem goldenen Felle. La toison d'or conquise par Jason. — Pferden. Allusion aux chevaux de Rhesus dont nous avons parlé, peut-être aussi aux chevaux de Laomédon, pour lesquels Hercule conquit Troie. Schönen Töchtern. Ces femmes célèbres par leur beauté et leur malheur sont sans doute Europe, Médée, Ariane.

2. Wie einen Schleier. Dans le deuxième acte 1, scène 2, Oreste dit : Des Vaters dunkle Rede, 2c.

3. Bringst du, etc. Jusqu'a-

lors nous ne savions que le sens de l'oracle, et cela suffisait. Nous n'avions pas encore besoin de connaître chaque mot, tel que l'oracle l'avait prononcé; mais ici Oreste, pour mieux convaincre l'esprit de Thoas, rapporte les paroles textuelles d'Apollon.

4. Gedenken gouverne le génitif. L'accusatif se rencontre très-rarement, et modifie un peu le sens ordinaire du verbe qui signifie alors avoir dans l'esprit, désigner.

5. Seinen Klauen. Plu-

Zum letztenmal, und schüttelte das Mark
Entsetzlich mir zusammen: dann entfloh's
Wie eine Schlange zu der Höhle. Neu
Genieß' ich nun durch dich das weite Licht   2125
Des Tages.   Schön und herrlich zeigt sich mir
Der Göttin Rath. Gleich einem heil'gen Bilde,
Daran der Stadt unwandelbar Geschick
Durch ein geheimes Götterwort gebannt ist,
Nahm sie dich weg, die Schützerin des Hauses,   2130
Bewahrte dich in einer heil'gen Stille
Zum Segen deines Bruders und der Deinen.
Da alle Rettung auf der weiten Erde
Verloren schien, giebst du uns alles wieder.
Laß deine Seele sich zum Frieden wenden,   2135
O König! Hindre nicht, daß sie¹ die Weihe
Des väterlichen Hauses nun vollbringe,
Mich der ersühnten Halle wiedergebe,
Mir auf das Haupt die alte Krone² drücke!
Vergilt den Segen, den sie dir gebracht,   2140
Und laß des nähern³ Rechtes mich genießen!
Gewalt und List, der Männer höchster Ruhm,
Wird durch die Wahrheit dieser hohen Seele
Beschämt, und reines, kindliches Vertrauen
Zu einem edeln Manne wird belohnt.   2145

Iphigenie.

Denk' an dein Wort, und laß durch diese Rede
Aus einem g'raden, treuen Munde dich

---

haut Iphigénie a employé : Geierklauen.
  1. Sie, elle, Iphigénie.
  2 Krone, couronne, de-
signe ici en général un des em-
blèmes de la royauté; la couronne
proprement dite n'était pas portée
par les rois de cette époque.
  3. Des nähern; parce qu'il
est le frère d'Iphigénie.

Bewegen! Sieh uns an! Du hast nicht oft
In solcher edeln That Gelegenheit.
Versagen kannst du's nicht: gewähr' es bald!   2150

Thoas.

So geht!

Iphigenie.

Nicht so, mein König! Ohne Segen,
In Widerwillen scheid' ich nicht von dir.
Verbann' uns nicht! Ein freundlich Gastrecht walte
Von dir zu uns [1]: so sind wir nicht auf ewig
Getrennt und abgeschieden. Werth und theuer,   2155
Wie mir mein Vater war, so bist du's mir,
Und dieser Eindruck bleibt in meiner Seele.
Bringt der Geringste deines Volkes je
Den Ton der Stimme mir in's Ohr zurück,
Ten ich an euch gewohnt zu hören bin,   2160
Und seh' ich an dem Aermsten eure Tracht:
Empfangen will ich ihn wie einen Gott.
Ich will ihm selbst ein Lager [2] zubereiten,
Auf einen Stuhl ihn an das Feuer laden,
Und nur nach dir und deinem Schicksal fragen.   2165
O, geben dir die Götter deiner Thaten
Und deiner Milde wohlverdienten Lohn!
Leb' wohl! O wende dich zu uns und gieb

1. Walte von dir zu uns. Ces liens de l'hospitalité qu'Iphigénie propose d'établir entre la Tauride et la Grèce, sont le dernier bienfait dont sa présence comble la terre des Barbares. Nous trouvons plus d'un trait de ressemblance entre l'Iphigénie de Goethe et la Jeanne d'Arc de Schiller. Jeanne d'Arc elle-même bringt eine Jungfrau. Schiller. „Die Jungfrau von Orleans."

2. Selbst ein Lager. Ainsi Iphigénie elle-même s'oblige à rendre les services les plus humbles à ceux qui viendront de la patrie de Thoas afin, sans doute, de cimenter l'alliance qu'elle vient de lui offrir.

3. O wende dich. Thoas, u-

Ein holdes Wort des Abschieds mir zurück!
Dann schwellt der Wind die Segel sanfter an,   2170
Und Thränen fließen lindernder vom Auge
Des Scheidenden. Leb' wohl! und reiche mir
Zum Pfand der alten Freundschaft deine Rechte!

Thoas.

Lebt wohl!

---

sensible aux paroles conciliantes d'Iphigénie, était resté plongé dans ses sombres réflexions; il avait tout accordé; mais la colère et le dépit étaient restés au fond de son âme; Ce n'est pas ainsi qu'Iphigénie veut se séparer de son bienfaiteur; elle le supplie de la congédier d'un regard plus doux. Thoas cède une dernière fois à la persuasion de la prêtresse, et lui tendant la main, il prononce le simple adieu: Lebt wohl.

FIN.

4208. — IMPRIMERIE GÉNÉRALE DE CH. LAHURE,
Rue de Fleurus, 9, à Paris.

www.ingramcontent.com/pod-product-compliance
Lightning Source LLC
Chambersburg PA
CBHW051725090426
42738CB00010B/2098